현지에서
바로바로 써먹는
여행 중국어
AIR PLANE

Iam books

현지에서
바로바로 써먹는
여행 중국어

초판 1쇄 발행　2009년 8월 7일

지 은 이　아이엠북스 컨텐츠 기획팀
펴 낸 이　신성현, 오상욱
기획·편집　남영림, 윤은아
디 자 인　디자인 디도
영업관리　안상현, 장미선
펴 낸 곳　도서출판 아이엠북스
　　　　　153-802 서울시 금천구 가산동 327-32
　　　　　대륭테크노타운 12차 1116호
　　　　　Tel. (02)6343-0999　　Fax. (02)6343-0995
출판등록　2006년 6월 7일 제 313-2006-000122호
ISBN　　978-89-6398-006-5 (13720)

　　지구촌이란 말처럼 세상이 점점 좁아지고 있지만 거리와 시간의 제약을 뛰어넘기란 사실 쉬운 일이 아닙니다. 해외여행객 중 가까운 중국, 일본, 태국 등을 찾는 사람이 대다수를 차지하는 것만 보아도 이를 충분히 입증할 수 있습니다. 특히 중국은 우리가 많이 찾는 나라 가운데 하나입니다. 한국관광공사의 통계에 따르면 2008년 한 해 동안 중국을 찾은 한국인이 396만여 명에 달했다고 합니다. 북경올림픽 때문이기도 하지만 근본적으로는 1992년 한중수교 이후 교류가 꾸준히 확대되었고 거리가 가까워 여가 시간이 많지 않은 사람들이 다녀오기에 제격이기 때문입니다.

　　지리적인 이점 외에 중국을 많이 찾는 이유를 우리는 흔히 다양성에서 찾습니다. 중국에는 한족을 포함해 모두 56개 민족이 있습니다. 다양한 민족이 각기 자신들만의 문화를 영유합니다. 가는 곳마다 물도 다르고 경치도 다릅니다. 먹는 음식도 다르고 풍속도 다릅니다. 심지어 방언이 심해 말도 안 통하는 경우도 비일비재합니다. 게다가 중국은 엄연한 개발도상국이기 때문에 항상 새로운 모습을 보여줍니다. 따라서 한꺼번에 중국을 많이 보려는 욕심을 버리는 것이 좋습니다. 조금씩 알아가는 재미도 작지 않으니까 말입니다.

여행은 일종의 모험입니다. 일상생활에서 벗어나 새로운 것을 접하고 모험을 하는 과정이 여행입니다. 이 책은 영어가 잘 통하지 않는 중국에서 다채로운 모험을 시도하기 위한 좋은 동반자이자 도구가 되기를 자청합니다. 아는 만큼 보인다는 속담이 있지만, 묻는 만큼 알게 되고 그래서 더 볼 수 있게 된다고 생각합니다. 모든 선입견과 편견을 내려놓고 중국 사람들과 부딪히며 중국 속으로 깊이 들어가 봅시다.

Contents

여행 준비 10

I 기본 표현 20

1. 인사 22
2. 감사 26
3. 사과 28
4. 축하 · 기원 29
5. 교제 30
6. 날짜 33
7. 시간 34
8. 대답 35
9. 권유 · 부탁 36
10. 기타 요긴한 말 37

Ⅱ 출입국　38

1. 기내 좌석　40
2. 기내에서의 요구사항　43
3. 기내 서비스 이용할 때　44
4. 기내에서의 쇼핑　47
5. 궁금한 것을 문의할 때　49
6. 불편사항이 있을 때　52
7. 비행기 경유 및 환승하기　54
8. 입국 심사　56
9. 수하물 찾기　58
10. 세관 신고　60
11. 환전　62
12. 예약 재확인　64
13. 항공권 예약　66
14. 탑승 수속　68

Ⅲ 숙박　70

1. 예약할 때　72
2. 체크인할 때　76
3. 호텔 서비스 이용할 때　78
4. 불편한 점이 있을 때　82
5. 숙박기간을 변경하거나 체크아웃할 때　86

Ⅳ 식사 88

1. 음식점을 찾을 때 90
2. 음식점을 예약할 때 92
3. 음식점에서 자리를 잡을 때 94
4. 음식을 주문할 때 96
5. 음식을 먹을 때 100
6. 계산할 때 102
7. 패스트푸드점을 이용할 때 104
8. 술·음료를 마실 때 106

Ⅴ 교통 108

1. 택시를 탈 때 110
2. 지하철을 탈 때 114
3. 버스를 탈 때 116
4. 장거리 버스를 탈 때 120
5. 기차를 탈 때 124
6. 국내선 항공편을 이용할 때 130
7. 배를 탈 때 134
8. 자동차·자전거를 빌릴 때 136

Ⅵ 관광 138

1. 관광안내소에서 140
2. 길을 물을 때 142
3. 관광지를 구경할 때 146

4. 사진을 찍을 때 148

5. 박물관 · 미술관을 관람할 때 150

6. 영화 · 공연을 볼 때 152

7. 노래를 부르거나 춤을 출 때 154

8. 골프를 칠 때 156

Ⅶ 쇼핑 160

1. 쇼핑할 곳을 찾을 때 162

2. 물건을 고를 때 164

3. 옷 · 신발을 살 때 166

4. 귀금속 · 액세서리를 살 때 170

5. 도서 · 음반 · 화장품을 살 때 172

6. 가격을 흥정하고 계산할 때 174

7. 포장 · 배송을 부탁할 때 176

8. 교환 · 환불할 때 178

Ⅷ 통신 180

1. 공중전화를 이용할 때 182

2. 전화를 걸 때 184

3. 전화를 받을 때 188

4. 우체국을 이용할 때 190

Ⅸ 문제 해결　　192

　1. 길을 잃었을 때　　194
　2. 도움을 요청할 때　　195
　3. 도난·분실사고가 발생했을 때　　196
　4. 교통사고가 났을 때　　198
　5. 경찰에 신고할 때　　199
　6. 몸이 아플 때　　200
　7. 약을 살 때　　203

부록 Ⅰ　단어 찾기　　204

부록 Ⅱ　관련 단어 찾기　　292

부록 Ⅲ　중국 문화 알기　　309

여행 준비

1. 중국 개요

(1) 국명 : 중화인민공화국(中國人民共和国, People's Repu
blic of China : PRC)

중국의 영어명 'China'는 중국을 최초로 통일한 진
(秦)나라에서 나온 말이다. 진(秦)은 중국어로 '친
(qin)'이라 읽으며 이것이 서양에 'Chin'으로 불리게
된 것이다.

(2) 건국일 : 1949년 10월 1일

(3) 면적 : 9,596,960㎢

한반도의 43배, 남한의 97배에 해당하며 세계 3위
의 면적을 자랑한다.

⑷ 인구 : 약 14억 명(2009년 기준)

⑸ 수도 : 북경(北京)

⑹ 언어 : 중국어

⑺ 화폐 : 위안화(**RMB**)

⑻ 국기 : 오성홍기(五星紅旗)

　　　붉은 바탕에 별이 다섯 개 그려져 있다. 왼쪽 상단
　　　에 자리한 큰 별을 중심으로 그 오른쪽에 작은 별
　　　네 개가 둥글게 감싼 모양이다. 큰 별은 중국 공산
　　　당을 상징하고 작은 별 네 개는 각각 농민, 노동자,
　　　도시소자본 계급, 민족자산 계급을 상징한다. 붉은
　　　색은 혁명을, 노란 색은 사회주의의 밝은 미래를 의
　　　미한다.

⑼ 국가 : 의용군진행곡(义勇军进行曲)

⑽ 민족 : 56개 민족

　　　한족이 전체 인구의 약 92%를 차지하고 있으며 나
　　　머지 55개 민족이 8%를 차지한다. 55개 민족은 한
　　　족에 비해 인구가 훨씬 적기 때문에 보통 소수민족
　　　이라 칭한다. 중국동포인 조선족은 약 200만 명에
　　　이르며 소수민족 중에서 13위를 차지한다.

⑪ 종교 : 불교, 도교, 이슬람교, 천주교, 기독교를 주로 믿으며 그 외에도 여러 민간신앙이 있다.

⑫ 시차 : 한국 표준시보다 1시간 느리다.

⑬ 행정구역 : 직할시 네 곳(북경, 천진, 상해, 중경), 특별행정구 두 곳(홍콩, 마카오), 성 스물세 곳(대만 포함), 소수민족자치구 다섯 곳

2. 중국어

(1) 한어(汉语)와 보통화(普通话)

우리는 중국어라고 하지만 실제로 중국에서는 자신들의 말을 '한어'라고 부른다. 진시황이 처음으로 중국을 통일하긴 했지만 두 대에 걸친 짧은 왕조였기 때문에 진나라는 역사, 문화적 기틀을 만들지 못했다. 결국 유방이 세운 한나라가 실질적인 중국의 토대를 세우게 되었다. 이에 중국은 자신을 한족(汉族)이라 칭하고 있으며, 사용하는 언어를 한어(汉语)라고 한다. 문자는 한자(汉字)라고 한다.

한어는 중국 영토 내에서 사용하는 모든 방언을 포함한 개념이기 때문에 표준어와 혼동해서는 안 된다. 한어의 표준어는 '보통화'이다. 사실 1949년 중화인민공화국이 수립될 때까지도 중국은 표준어가 없었다. 넓은 국토에서 제각각의 방언을 사용하였으며 방

언 사이의 차이가 컸기 때문에 외국어나 다름없어 의사소통이 되지 않는 경우가 많았다. 이러한 문제점 때문에 국가적으로 표준어를 제정한 것이 보통화이다. 보통화는 북경어와 북방방언을 혼용하여 만들어졌다. 따라서 북경어도 엄밀히 말하면 방언에 속한다.

(2) 만다린(Mandarin)

표준 중국어를 서양에서는 '만다린'이라고 한다. 우리나라에서도 간혹 쓰이는 이 명칭은 그 유래가 청나라 때로 거슬러 올라간다. 당시에는 북경에 사는 사람 중에서도 특히 관리들이 쓰는 말을 기준으로 삼았다. 그들의 말을 '관화(官话)'라고 했는데, 이것을 포르투갈 사람이 '관리'로 알아듣고 포르투갈어의 관리라는 뜻에 해당하는 '만다린(Mandarin)'이라고 잘못 번역하면서 생긴 것이다. 이와 다른 유래를 주장하는 사람도 있다. 청나라 때 한 서양 사람이 관리가 쓰는 말이 무엇인지를 물었는데 어떤 사람이 '만따런(满大人)'이라고 했다는 데서 유래했다는 주장이다. '만따런'은 당시 중국을 지배했던 만주족 벼슬아치를 부르는 호칭이었다. 즉, 말이 아니라 사람을 가리키는 것이 나중에 서양으로 전해지면서 바뀐 것이다. 만따런 대신 '만주사람'이란 뜻의 '만저우런(满州人)'이 잘못 전해져 생겨났다고 주장하는 사람도 있다.

(3) 간체자(简体字)

전통적으로 중국은 한자를 사용해왔다. 그러던 것이 중화인민공화국 수립과 함께 일대 변혁을 맞이했다. 문맹률이 높은 중국은 일반 사람이 보다 편리하게 사용할 수 있도록 한자의 획수를 줄였다. 이렇게 간략하게 줄어든 한자를 기존 한자와 구분하기 위해 따로 '간체자'라고 한다. 기존 한자는 번잡하다는 의미로 현재 '번체자(繁体字)'라고 불린다. 글자의 모양이 대폭 바뀌었기 때문에 사극에 나오는 것처럼 중국 사람과 필담을 나누는 것은 사실상 불가능하다. 간혹 중국을 여행하신 분 중에 중국 사람과 필담을 나누었다는 분이 계신데 그것은 그 중국인이 간체자와 번체자를 모두 알고 있는 지식인이기 때문에 가능한 것이다. 대부분의 중국인은 학교에서 간체자만 배우기 때문에 고대 한자인 번체자를 따로 공부하지 않으면 무슨 글자인지 알아보기가 어렵다. 번체자는 아직도 대만, 홍콩, 마카오 및 남방의 일부 지역에서 쓰이고 있다.

(4) 한어병음(汉语拼音)

중국어는 뜻글자이기 때문에 글자만 보고 발음을 알기가 어렵다. 중국어를 편리하게 읽을 수 있도록 하기 위해 1958년 중국 정부는 영어의 알파벳을 이용해 중국어의 발음체계를 세웠다. 그것이 바로 '한어병음방안(汉语拼音方案)'이다. 보통 줄여서 '한어병음'이라고 부른다. 중국어의 발음은 성모(声母), 운모(韵母), 성조(声调)로 구성되어 있다.

예) 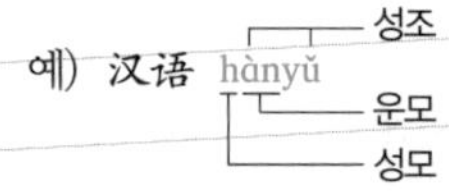

(5) 성모(声母)

성모는 우리말에 자음에 해당하며 다음과 같다.

b	ㅂ, ㅃ	l	ㄹ	zh	ㅈ
p	ㅍ	g	ㄱ, ㄲ	sh	ㅅ
m	ㅁ	k	ㅋ	ch	ㅊ
f	ㅍ	h	ㅎ	r	ㄹ
d	ㄷ, ㄸ	j	ㅈ, ㅉ	z	ㅉ
t	ㅌ	q	ㅊ	s	ㅆ
n	ㄴ	x	ㅅ, ㅆ	c	ㅊ

(6) 운모(韵母)

운모는 우리말의 모음에 해당하며 주요 운모는 다음과 같다.

a	아	u	우	ao	아오	ang	앙
o	오	ü	위	ou	어우	eng	엉
e	어	ai	아이	an	안	ong	웅, 옹
i	이, 으	ei	에이	en	언	er	얼

(7) 성조(声调)

성조는 소리의 높낮이를 가리킨다. 짧고 가볍게 발음 '경성(轻声)' 외에 주로 쓰이는 성조에는 다음의 네 가지가 있어 '사성(四声)'이라고도 불린다.

제1성

높은 음을 길게 끌면서 내는 성조이다.

제2성

중간 음에서 높은 음으로 끌어올리며 내는 성조이다.

제3성

약간 낮은 음에서 시작하여 낮은 음까지 내려갔다가 다시 높이 끌어올리며 내는 성조이다.

제4성

높은 음에서 낮은 음으로 빨리 끌어내리는 성조이다.

3. 여권

　여권은 쉽게 말해 해외에서 자신의 신분을 나타낼 수 있는 신분증이다. 현재 발급되는 여권은 전자여권이다. 전자여권이란 IC칩을 내장하여 바이오인식정보와 신원정보를 저장한 여권을 가리킨다. 여권에는 복수여권, 단수여권, 관용여권 등이 있으며 보통은 복수여권을 발급 받는다. 복수여권은 유효기간이 10년이지만 나이와 병역을 마쳤는지의 여부에 따라 유효기간에 차이가 있다. 만 18세 미만인 미성년자는 유효기간 5년의 복수여권을 발급받고 병역을 마치지 않은 만 24세 미만의 남성은 유효기간 5년 미만의 복수여권을 발급받게 된다.

　여권은 전국 168개 광역 및 기초자치단체에서 신청할 수 있다. 가까운 여권발급기관을 찾으려면 외교통상부 해외안전여행 사이트(www.0404.go.kr)에서 '여권' → '여권사무대행기관 연락처'로 들어가면 쉽게 확인할 수 있다.

여권을 신청할 때는 여권발급신청서 1부(여권신청대행기관 비치), 여권용 사진 1매, 신분증(주민등록증, 운전면허증, 공무원증 등)과 같은 서류를 구비해야 하며 수수료 55,000원(복수여권 유효기간 10년의 경우)을 준비해야 한다. 미성년자, 혹은 질병이나 장애가 있는 경우를 제외하고는 본인이 직접 여권발급기관을 찾아 신청해야 한다.

4. 비자

비자란 '사증(簽证)'이라고도 하며 외국인에 대해 입국을 허가한다는 허가증이다. 비자는 따로 서류를 발급해주는 것이 아니라 여권의 '사증'란에 스탬프를 찍거나 스티커를 붙여 표시한다.

많은 나라에서 관광을 목적으로 단기간 체류하는 여행객들에게 비자를 면제해주고 있다. 하지만 아직까지 중국은 며칠을 머물든 어떤 목적에서 방문했든지에 상관없이 비자를 요구하고 있다. 홍콩, 마카오는 아직까지 중국 본토와 다른 체제를 유지하고 있기 때문에 아직도 비자 없이 갈 수 있다. 두 곳 모두 최대 비자면제기간은 90일이며 그 이상 체류하려면 비자를 받아야 한다. 대만도 비자 없이 최대 30일 동안 머물 수 있다.

관광목적으로 중국에 갈 때는 비자 중에서도 'L비자'를 받아야 한다. 'L비자'는 1회 방문이 가능한 단수비자이며 30일과 90일 두 종류가 있다. 예전에는 개인이 직접 주한 중국대사관을 찾아 비자를 발급받을 수 있었지만 현재는 여행사에 대행을 주고 있다. 따라서 여행사에 여권, 여권용 사진 1매, 신분증 사본 등의 구비서류를 주어야 하며 당연히 비자 수수료(대사관)와 발급대행 수수료(여행사)도 함께 여행사에 지불해야 한다. 비자 수수료는 중국대사관에서 고시한 가격이 있지만 발급대행 수수료는 여행사마다 다르다.

한국에서 외국인을 보는 건 이제 일상이 되었다. 하지만 우린 그들이 낯설다. 한국어를 할 줄 아는 외국인이 그다지 많지 않기 때문이다. 물론 단기 체류하는 여행객이니까, 또 영어를 잘하는 한국 사람이 많아서 그럴 수도 있다. 하지만 우리가 친근하게 느끼는 외국인은 간단하더라도 한국어로 말을 걸어주는 사람이다. 중국 사람이 아니라 세계 어느 나라의 사람이라도 마찬가지이다. 자기 나라 말로 인사하고 말을 걸어주는 사람에게 호감을 느끼는 것은 인지상정이다. 기왕 중국을 여행하는 거라면 중국어로 인사를 하거나 자신을 소개하는 것 같이 쉬운 말을 건네보는 것 또한 여행의 즐거움이 되지 않을까 싶다.

기본 표현 Ⅰ

1. 인사
2. 감사
3. 사과
4. 축하 · 기원
5. 교제
6. 날짜
7. 시간
8. 대답
9. 권유 · 부탁
10. 기타 요긴한 말

□ 안녕하세요.

니 하오 　　/ 닌 하오

你好！/ 您好！

Nǐ hǎo! 　/ 　Nín hǎo!

□ 안녕하세요(아침인사).

짜오상 하오

早上好！

Zǎoshang hǎo!

□ 안녕히 주무세요.

완안

晚安！

Wǎn' ān!

□ 만나 뵙게 되어 반갑습니다.

찌엔따오 니 헌 까오씽

见到你很高兴！

Jiàndào nǐ hěn gāoxìng!

□ 오랜만입니다.

하오찌우 부 찌엔 러

好久不见了。

Hǎo jiǔ bú jiàn le.

□ 요새 어떠세요?

쭈이찐 쩐머양

最近怎么样?
Zuìjìn zěnmeyàng?

□ 그런대로 괜찮아요.

하이 씽

还行。
Hái xíng.

□ 건강은 어떠세요?

니 션티 하오 마

你身体好吗?
Nǐ shēntǐ hǎo ma?

□ 아주 좋아요, 고맙습니다.

헌 하오 씨에씨에

很好, 谢谢。
Hěn hǎo, xièxiè.

□ 요새 일은 바쁘신가요?

쭈이찐 꿍쭈어 망 마

最近工作忙吗?
Zuìjìn gōngzuò máng ma?

□ 그리 바쁘지 않아요.

부 타이 망

不太忙。
Bú tài máng.

□ 안녕히 가세요. / 안녕히 계세요.

짜이 찌엔

再见。
Zài jiàn.

□ 내일 뵙겠습니다.

밍티엔 찌엔

明天见！
Míngtiān jiàn!

□ 이만 가봐야겠습니다.

워 까이 쩌우 러

我该走了。
Wǒ gāi zǒu le.

□ 조심해서 가세요.

만 쩌우

慢走！
Màn zǒu!

□ 들어가세요.

후이취 바
回去吧。
Huíqù ba.

□ 나중에 또 오세요.

환잉 이허우 짜이 라이
欢迎以后再来。
Huānyíng yǐhòu zài lái.

□ 몸 건강하세요.

칭 뚜어 바오쭝
请多保重。
Qǐng duō bǎozhòng.

□ 가족 분께 저 대신 안부 전해주세요.

따이 워 샹 니 찌아런 원하오
代我向你家人问好。
Dài wǒ xiàng nǐ jiārén wènhǎo.

□ 우리 자주 연락해요.

워먼 창 리엔씨 바
我们常联系吧！
Wǒmen cháng liánxì ba!

□ 고마워요.

씨에씨에

谢谢。
Xièxie.

□ 대단히 감사합니다.

페이창 깐씨에

非常感谢。
Fēicháng gǎnxiè.

□ 너무 감사합니다.

타이 깐씨에 러

太感谢了！
Tài gǎnxiè le!

□ 수고하셨습니다.

신쿠 러

辛苦了。
Xīnkǔ le.

□ 도와주셔서 고맙습니다.

씨에씨에 니 더 빵망

谢谢你的帮忙。
Xièxie nǐ de bāngmáng.

□ 친절에 감사합니다.

씨에씨에 닌 더 꾸안짜오

谢谢您的关照。
Xièxie nín de guānzhào.

□ 호의에 감사합니다.

씨에씨에 닌 더 하오이

谢谢您的好意。
Xièxie nín de hǎoyì.

□ 어떻게 감사를 드려야 할지 모르겠습니다.

전 뿌 즈따오 쩐머 깐씨에 니 차이 하오

真不知道怎么感谢你才好。
Zhēn bù zhīdào zěnme gǎnxiè nǐ cái hǎo.

□ 괜찮습니다.

부 커치   /   비에 커치

不客气。 / 别客气。
Bú kèqi.   /   Bié kèqi.

□ 천만에요.

나리 나리

哪里，哪里。
Nǎli, nǎli.

□ 미안합니다.

뚜이부치

对不起。
Duìbuqǐ.

□ 정말 죄송합니다.

전 뿌 하오이쓰

真不好意思。
Zhēn bù hǎoyìsi.

□ 모두 제 잘못입니다.

떠우 스 워 뿌 하오

都是我不好。
Dōu shì wǒ bù hǎo.

□ 양해를 구합니다.

칭 위엔량

请原谅。
Qǐng yuánliàng.

□ 괜찮습니다.

메이 꾸안씨

没关系。
Méi guānxi.

□ 축하합니다.

쭈허 니

祝贺你！

Zhùhè nǐ!

□ 생일 축하합니다.

쭈 니 성르 콰이러

祝你生日快乐！

Zhù nǐ shēngrì kuàilè!

□ 새해 복 많이 받으세요.

신니엔 콰이러

新年快乐！

Xīnnián kuàilè!

□ 부자 되세요.

꽁씨 파차이

恭喜发财！

Gōngxǐ fācái!

□ (먼 길을 떠나는 사람에게)몸 건강히 잘 다녀오세요.

이 루 핑안

一路平安！

Yí lù píng'ān!

□ 당신은 어느 나라 사람입니까?

니 스 나 구어 런

你是哪国人？
Nǐ shì nǎ guó rén?

□ 나는 한국 사람입니다.

워 스 한구어 런

我是韩国人。
Wǒ shì Hánguó rén.

□ 성함이 어떻게 되십니까?

닌 꾸이씽

您贵姓？
Nín guìxìng?

□ 성은 김이고 김동민이라고 합니다.

워 씽 진 밍쯔 지아오 찐뚱민

我姓金，名字叫金东民。
Wǒ xìng Jīn, míngzi jiào Jīn Dōngmín.

□ 당신은 올해 나이가 어떻게 되십니까?

니 찐니엔 뚜어따 니엔찌

你今年多大年纪？
Nǐ jīnnián duōdà niánjì?

☐ 저는 올해 스물여덟 살입니다.

워 찐니엔 얼스빠 쑤이 러

我今年28岁了。
Wǒ jīnnián èrshíbā suì le.

☐ 가족은 몇 명입니까?

니 찌아 여우 지 커우 런

你家有几口人？
Nǐ jiā yǒu jǐ kǒu rén?

☐ 내 가족은 네 명입니다.

워 찌아 여우쓰 커우 런

我家有四口人。
Wǒ jiā yǒu sì kǒu rén.

☐ 가족은 누구누구입니까?

니 찌아 떠우 여우 션머런

你家都有什么人？
Nǐ jiā dōu yǒu shénme rén?

☐ 아버지, 어머니, 여동생 그리고 저입니다.

워 찌아 여우 빠바 마마 메이메이 허 워

我家有爸爸、妈妈、妹妹和我。
Wǒ jiā yǒu bàba、māma、mèimei hé wǒ.

□ 당신은 무슨 일은 하십니까?

니 쭈어 션머 꿍쭈어
你做什么工作？
Nǐ zuò shénme gōngzuò?

□ 저는 회사원입니다.

워 스 꿍쓰 즈위엔
我是公司职员。
Wǒ shì gōngsī zhíyuán.

□ 이것이 제 명함입니다.

쩌 스 워 더 밍피엔
这是我的名片。
Zhè shì wǒ de míngpiàn.

□ 전에 여기에 오신 적이 있습니까?

니 이치엔 라이꾸어 절 마
你以前来过这儿吗？
Nǐ yǐqián láiguo zhèr ma?

□ 전에 여기 온 적이 없습니다.

워 이치엔 메이여우 라이꾸어
我以前没有来过。
Wǒ yǐqián méiyǒu láiguo.

□ 오늘은 며칠입니까?

찐티엔 지 하오

今天几号?
Jīntiān jǐ hào?

□ 오늘은 8월 6일입니다.

찐티엔 빠 위에 리우 하오

今天8月6号。
Jīntiān bā yuè liù hào.

□ 오늘은 무슨 요일입니까?

찐티엔 씽치 지

今天星期几?
Jīntiān xīngqī jǐ?

□ 오늘은 토요일입니다.

찐티엔 씽치리우

今天星期六。
Jīntiān xīngqīliù.

□ 내일은 일요일입니다.

밍티엔 씽치티엔

明天星期天。
Míngtiān xīngqītiān.

7. 시간

□ 지금 몇 시죠?

씨엔짜이 지 띠엔
现在几点？
Xiànzài jǐ diǎn?

□ 지금은 10시 반이에요.

씨엔짜이 스 띠엔 빤
现在十点半。
Xiànzài shí diǎn bàn.

□ 내 손목시계는 아주 정확해요.

워 더 서우비아오 헌 준
我的手表很准。
Wǒ de shǒubiǎo hěn zhǔn.

□ 은행은 언제 문을 여나요?

인항 지 띠엔 카이먼
银行几点开门？
Yínháng jǐ diǎn kāimén?

□ 은행은 매일 오전 9시에 문을 열어요.

인항 메이티엔 상우 찌우 띠엔 카이먼
银行每天上午九点开门。
Yínháng měitiān shàngwǔ jiǔ diǎn kāimén.

□ 네, 그렇습니다(맞습니다).

스 더 / 뚜이
是的。/ 对。
Shì de. / Duì.

□ 아니요.

부 / 부스 / 메이여우
不。/ 不是。/ 没有。
Bù. / Bú shì. / Méiyǒu.

□ 그렇지 않습니다(틀립니다).

부 뚜이
不对。
Bú duì.

□ (허락, 찬성의 의미로) 좋습니다.

하오 / 씽 / 커이
好。/ 行。/ 可以。
Hǎo. / Xíng. / Kěyǐ.

□ 필요 없습니다(됐습니다).

부 야오 러
不要了。
Bú yào le.

□ 들어오세요.

칭 찐

请进。

Qǐng jìn.

□ 앉으세요.

칭 쭈어

请坐。

Qǐng zuò.

□ 잠시 기다려주세요.

칭 떵 이샤

请等一下。

Qǐng děng yíxià.

□ 부탁합니다.

빠이투어

拜托。

Bàituō.

□ 말씀 좀 여쭙겠습니다.

칭원

请问。

Qǐngwèn.

□ 못 알아듣겠습니다.

팅부똥

听不懂。
Tīngbudǒng.

□ 저는 중국어를 할 줄 모릅니다.

워 부 후이 수어 한위

我不会说汉语。
Wǒ bú huì shuō Hànyǔ.

□ 다시 한 번 말씀해주세요.

칭 짜이 수어 이 삐엔

请再说一遍。
Qǐng zài shuō yí biàn.

□ 죄송하지만 여기에 써주세요.

마판 니 시에 짜이 쩔 바

麻烦你写在这儿吧。
Máfan nǐ xiě zài zhèr ba.

□ 여기에 한국어를 하시는 분이 있나요?

쩔 여우 후이 수어 한구어위 더 런 마

这儿有会说韩国语的人吗？
Zhèr yǒu huì shuō Hánguóyǔ de rén ma?

잠깐 !

필요한 것이 있으면 당당히 요구한다는 적극적인 자세를 갖고 기내에서는 어떤 말을 쓸 수 있을지 차근차근 탐색해봅시다.

드디어 중국공항에 도착했습니다. 비행기에서 내릴 때는 기내로 가져간 짐을 빠뜨리지 않도록 유의해야 합니다. 특히 여권, 항공권, 현금 등은 절대 잊어버려서는 안 되는 물건이므로 비행기에서 나올 때 다시 한 번 확인하시기 바랍니다. 기내에서 작성한 입국신고서, 세관신고서 등의 양식은 꺼내기 쉽도록 준비해둡시다. 공항을 나서려면 먼저 검역카운터를 거쳐야 합니다. 그 다음 입국심사대에 여권과 입국신고서를 제출합니다. 여권을 받은 뒤, 짐 찾는 곳에서 위탁수하물을 찾고 마지막으로 세관을 통과하면 공항을 나오게 됩니다.

즐거운 여행은 마무리를 어떻게 하느냐에 있습니다. 귀국길에 짐을 빠뜨리거나 비행기를 놓친다면 무척 불쾌했던 추억밖에 남지 않을 것입니다. 장기간 외국에 체류할 경우에는 왕복편을 예약하고 왔더라도 귀국하기 이삼 일 전에 항공사에 전화를 걸어 재확인을 해두는 것이 좋습니다.

출입국 II

1. 기내 좌석

2. 기내에서의 요구 사항

3. 기내 서비스 이용할 때

4. 기내에서의 쇼핑

5. 궁금한 것을 문의할 때

6. 불편사항이 있을 때

7. 비행기 경유 및 환승하기

8. 입국 심사

9. 수하물 찾기

10. 세관 신고

11. 환전

12. 예약 재확인

13. 항공권 예약

14. 탑승 수속

□ 제 자리가 어딘가요?

워 더 쭈어웨이 짜이 날

我的座位在哪儿？
Wǒ de zuòwèi zài nǎr?

□ 36D가 어디죠?

싼스리우 디 하오 쭈어웨이 짜이 날

36D号座位在哪儿？
Sānshíliù D hào zuòwèi zài nǎr?

□ 탑승권을 보여주세요.

칭 게이 워 칸 이샤 닌 더 떵지파이

请给我看一下您的登机牌。
Qǐng gěi wǒ kàn yíxià nín de dēngjīpái.

□ 오른쪽으로 가세요.

칭 여우삐얼 쩌우

请右边儿走。
Qǐng yòubianr zǒu.

□ 손님 좌석은 좌측복도편의 좌석입니다.

닌 더 웨이쯔 스 쭈어삐엔 카오 꾸어따오 더 쭈어웨이

您的位子是左边靠过道的座位。
Nín de wèizi shì zuǒbian kào guòdào de zuòwèi.

□ 죄송하지만 좀 지나가겠습니다.

뚜이부치 칭 랑 워 꾸어 이샤
对不起，请让我过一下。
Duìbuqi, qǐng ràng wǒ guò yíxià.

□ 여긴 제 자리 같은데요.

워 쥐에더 쩌 스 워 더 쭈어웨이
我觉得这是我的座位。
Wǒ juéde zhè shì wǒ de zuòwèi.

□ (승무원에게) 우리 자리가 떨어져 있습니다.

워먼 더 쭈어웨이 부 짜이 이치
我们的座位不在一起。
Wǒmen de zuòwèi bú zài yìqǐ.

□ 친구와 함께 앉고 싶습니다.

워 샹 허 펑여우 쭈어 짜이 이치
我想和朋友坐在一起。
Wǒ xiǎng hé péngyou zuò zài yìqǐ.

□ 자리를 좀 바꿔주실 수 있나요?

커이 환 이샤 쭈어웨이 마
可以换一下座位吗？
Kěyǐ huàn yíxià zuòwèi ma?

□ 이 자리에 앉아도 됩니까?

워 커이 쭈어 짜이 쩔 마

我可以坐在这儿吗？
Wǒ kěyǐ zuò zài zhèr ma?

□ 저쪽 빈자리에 앉아도 될까요?

워 커이 쭈어 따오 나삐엔 더 쿵 웨이쯔 마

我可以坐到那边的空位子吗？
Wǒ kěyǐ zuò dào nàbian de kòng wèizi ma?

□ 짐은 어디에 두나요?

씽리 팡 짜이 날 너

行李放在哪儿呢？
Xíngli fàng zài nǎr ne?

□ 선반 위에 놓으세요.

칭 팡 짜이 씽리찌아 상

请放在行李架上。
Qǐng fàng zài xínglijià shang.

□ 짐 올리는 것 좀 도와주시겠어요?

넝 빵 워 바 씽리 팡상취 마

能帮我把行李放上去吗？
Néng bāng wǒ bǎ xíngli fàngshàngqu ma?

□ 안전벨트를 매주세요.

칭 찌하오 안취엔따이

请系好安全带。
Qǐng jìhǎo ānquándài.

□ 자기 자리로 돌아가주세요.

칭 후이따오 닌 더 쭈어웨이 상취

请回到自己的座位上去。
Qǐng huídào zìjǐ de zuòwèi shàngqu.

□ 좌석등받이를 세워주세요.

칭 바 이뻬이 티아오즈

请把椅背调直。
Qǐng bǎ yǐbèi tiáozhí.

□ 탁자를 접어주세요.

칭 바 씨아오주어빤 서우치라이

请把小桌板收起来。
Qǐng bǎ xiǎozhuōbǎn shōuqǐlai.

□ 기내에서는 흡연을 삼가 주세요.

지창 네이 칭 부 야오 씨옌

机舱内请不要吸烟。
Jīcāng nèi qǐng bú yào xīyān.

□ 화장실은 어디죠?

시서우찌엔 짜이 날

洗手间在哪儿?
Xǐshǒujiān zài nǎr?

□ 한국신문 한 부 주세요.

칭 게이 워 이 펀 한원빠오

请给我一份韩文报。
Qǐng gěi wǒ yí fèn Hánwén bào.

□ 담요 좀 주시겠어요?

게이 워 탄쯔 하오 마

给我毯子，好吗?
Gěi wǒ tǎnzi, hǎo ma?

□ 물 한 잔 주세요.

게이 워 이 뻬이 수이

给我一杯水。
Gěi wǒ yì bēi shuǐ.

□ 비행기 멀미약 있어요?

여우 윈찌야오 마

有晕机药吗?
Yǒu yùnjīyào ma?

□ 중식으로 하시겠습니까, 아니요 양식으로 하시겠습니까?

닌 츠 중찬 하이스 씨찬

您吃中餐还是西餐？
Nín chī zhōngcān háishi xīcān?

□ 쇠고기로 하시겠습니까, 닭고기로 하시겠습니까?

닌 야오 니우러우 하이스 찌러우

您要牛肉还是鸡肉？
Nín yào niúròu háishi jīròu?

□ 닭고기로 주세요.

워 야오 찌러우 더

我要鸡肉的。
Wǒ yào jīròu de.

□ 마실 것은 무엇으로 드릴까요?

닌 샹 허 띠얼 셴머

您想喝点儿什么？
Nín xiǎng hē diǎnr shénme?

□ 어떤 음료가 있나요?

떠우 여우 셴머 인리야오

都有什么饮料？
Dōu yǒu shénme yǐnliào?

□ 커피, 콜라, 차, 주스, 맥주와 와인이 있습니다.

여우 카페이 커러 차 구어즈 피지우 허 푸타오지우

有咖啡、可乐、茶、果汁、啤酒和葡萄酒。
Yǒu kāfēi、kělè、chá、guǒzhī、píjiǔ hé pútaojiǔ.

□ 와인 한 잔 주세요.

워 야오 이 뻬이 푸타오지우

我要一杯葡萄酒。
Wǒ yào yì bēi pútaojiǔ.

□ 식사 다 하셨습니까?

니 융완 찬 러 마

你用完餐了吗?
Nǐ yòngwán cān le ma?

□ 아직 다 먹지 못했어요.

하이 메이여우

还没有。
Hái méiyǒu.

□ 다 먹었으니 식판을 치워주세요.

융완 러 칭 서우쩌우 워 더 찬판

用完了，请收走我的餐盘。
Yòngwán le, qǐng shōuzǒu wǒ de cānpán.

□ 기내에서 면세품을 팝니까?

페이찌 상 추서우 미엔수이핀 마

飞机上出售免税品吗?
Fēijī shang chūshòu miǎnshuǐpǐn ma?

□ 이거 주세요.

워 야오 쩌거

我要这个。
Wǒ yào zhège.

□ 술을 두 병을 사고 싶습니다.

워 샹 마이 량 핑 지우

我想买两瓶酒。
Wǒ xiǎng mǎi liǎng píng jiǔ.

□ 카탈로그에 있는 것으로 주세요.

워 야오 무루 상 더 상핀

我要目录上的商品。
Wǒ yào mùlù shang de shāngpǐn.

□ 이것은 얼마입니까?

쩌거 뚜어사오 치엔

这个多少钱?
Zhège duōshao qián?

☐ 모두 얼마입니까?

이꿍 뚜어사오 치엔
一共多少钱？
Yígòng duōshao qián?

☐ 한국 돈으로 내도 됩니까?

융 한삐 푸치엔 예 커이 마
用韩币付钱也可以吗？
Yòng Hánbì fùqián yě kěyǐ ma?

☐ 달러로 하겠습니다.

융 메이위엔 푸치엔
用美元付钱。
Yòng Měiyuán fùqián.

☐ 카드를 사용할 수 있습니까?

넝 수아카 마
能刷卡吗？
Néng shuākǎ ma?

☐ 쇼핑백 하나 더 주세요.

짜이 라 이 거 꺼우우따이
再来一个购物袋。
Zài lái yí ge gòuwùdài.

□ 입국신고서를 작성하십시오.

칭 티엔씨에 쩌 짱 루징 떵찌카

请填写这张入境登记卡。
Qǐng tiánxiě zhè zhāng rùjìng dēngjìkǎ.

□ 이 서류는 어떻게 씁니까?

쩌 짱 비아오 쩐머 티엔

这张表怎么填?
Zhè zhāng biǎo zěnme tián?

□ 여기에 무엇을 써야 할 지 모르겠는데요?

워 뿌 즈따오 쩔 까이 쩐머 씨에

我不知道这儿该怎么写?
Wǒ bù zhīdào zhèr gāi zěnme xiě?

□ 여권번호를 쓰세요.

칭 씨에 후짜오 하오마

请写护照号码。
Qǐng xiě hùzhào hàomǎ.

□ 여기에 손님의 비자번호를 쓰세요.

쩔 씨에 닌 더 치엔쩡 하오마

这儿写您的签证号码。
Zhèr xiě nín de qiānzhèng hàomǎ.

□ 이렇게 쓰면 맞나요?

쩌양 씨에 뚜이 마

这样写对吗？
Zhèyàng xiě duì ma?

□ 잘못 썼씁니다.

워 씨에추어 러

我写错了。
Wǒ xiěcuò le.

□ 한 장 더 주시겠어요?

칭 짜이 게이 워 이 짱 하오 마

请再给我一张好吗？
Qǐng zài gěi wǒ yì zhāng hǎo ma?

□ 비행기는 제시간에 도착할 수 있나요?

페이찌 넝 준스 따오다 마

飞机能准时到达吗？
Fēijī néng zhǔnshí dàodá ma?

□ 북경 도착시간이 몇 시죠?

지 띠엔 따오 베이징

几点到北京？
Jǐ diǎn dào Běijīng?

□ 얼마를 더 가야 하나요?

하이 야오 페이 뚜어창 스찌엔
还要飞多长时间？
Hái yào fēi duōcháng shíjiān?

□ 현지시간은 지금 몇 시인가요?

땅띠 스찌엔 씨엔짜이 지 띠엔
当地时间现在几点？
Dāngdì shíjiān xiànzài jǐ diǎn?

□ 비행기는 얼마나 지연되나요?

페이찌 완띠엔 뚜어창 스찌엔
飞机晚点多长时间？
Fēijī wǎndiǎn duōcháng shíjiān?

□ 비행기 갈아타는 시간에 맞출 수 있나요?

워 라이더지 환청 페이찌 마
我来得及换乘飞机吗？
Wǒ láidejí huànchéng fēijī ma?

□ 항공편이 좀 지연되지만 걱정하지 마세요.

항빤 쑤이란 투이츠 러 이띠엔 딴스 칭 부 야오 딴신
航班虽然推迟了一点，但是请不要担心。
Hánbān suīrán tuīchí le yìdiǎn, dànshì qǐng bú yào dānxīn.

□ 제 이어폰이 안 들립니다.

워 더 얼지 부 샹

我的耳机不响。
Wǒ de ěrjī bú xiǎng.

□ 불이 켜지지 않아요.

떵 부 량

灯不亮。
Dēng bú liàng.

□ 멀미가 나서 약을 좀 먹고 싶습니다.

워 윈지 러 샹 츠 띠얼 야오

我晕机了，想吃点儿药。
Wǒ yùnjī le, xiǎng chīdiǎnr yào.

□ 멀미약 좀 주실 수 있나요?

넝 뿌 넝 게이 워 즈윈야오

能不能给我止晕药？
Néng bu néng gěi wǒ zhǐyùnyào?

□ 구토봉투 좀 주세요.

칭 게이 워 칭찌에따이

请给我清洁袋。
Qǐng gěi wǒ qīngjiédài.

□ 몸이 좀 안 좋습니다.

워 쥐에더 뿌 수푸
我觉得不舒服。
Wǒ juéde bù shūfu.

□ 머리가 아픈데 두통약 있습니까?

워 터우 텅 여우 터우퉁야오 마
我头疼，有头痛药吗？
Wǒ tóu téng, yǒu tóutòngyào ma?

□ 배가 아픈데 소화제 있습니까?

뚜쯔 텅 여우 씨아오화찌 마
肚子疼，有消化剂吗？
Dùzi téng, yǒu xiāohuàjì ma?

□ 조금 춥습니다.

워 여우띠얼 렁
我有点儿冷。
Wǒ yǒudiǎnr lěng.

□ 담요 한 장 더 주세요.

칭 짜이 게이 워 이 장 탄쯔
请再给我一张毯子。
Qǐng zài gěi wǒ yì zhāng tǎnzi.

□ 환승수속 카운터는 어디에 있나요?

빤리 쭈안찌 서우쉬 더 꾸이타이 짜이 나리

办理转机手续的柜台在哪里？
Bànlǐ zhuǎnjī shǒuxù de guìtái zài nǎli?

□ 상해항공으로 갈아타려면 어느 카운터로 가야 합니까?

환청 샹하이 항쿵 더 빤찌 취 나 거 꾸이타이

换乘上海航空的班机去哪个柜台？
Huànchéng Shànghǎi hángkōng de bānjī qù nǎ ge guìtái?

□ 어디에서 탑승수속을 합니까?

짜이 날 빤 떵찌 서우쉬

在哪儿办登机手续？
Zài nǎr bàn dēngjī shǒuxù?

□ 국내선 타는 곳은 어디입니까?

구어네이시엔 떵찌커우 짜이 날?

国内线登机口在哪儿？
Guónèixiàn dēngjīkǒu zài nǎr?

□ 실례지만 환승통로는 어디입니까?

라오찌아 환청 퉁따오 짜이 날

劳驾，换乘通道在哪儿？
Láojià, huànchéng tōngdào zài nǎr?

□ 얼마 동안 머무르나요?

팅리우 뚜어창 스찌엔
停留多长时间？
Tíngliú duōcháng shíjiān?

□ 탑승구는 몇 번입니까?

스 지 하오 떵찌커우
是几号登机口？
Shì jǐ hào dēngjīkǒu?

□ 탑승은 언제부터입니까?

션머 스허우 카이스 떵찌
什么时候开始登机？
Shénme shíhou kāishǐ dēngjī?

□ 갈아탈 항공편을 놓쳤습니다.

워 메이 깐상 환청 더 항빤
我没赶上换乘的航班。
Wǒ méi gǎnshang huànchéng de hángbān.

□ 다른 항공편을 알아봐주세요.

칭 차 이샤 치타 항빤
请查一下其他航班。
Qǐng chá yíxià qítā hángbān.

□ 여권을 제시하십시오.

칭 추스 후짜오

请出示护照。
Qǐng chūshì hùzhào.

□ 제 여권입니다.

쩌 스 워 더 후짜오

这是我的护照。
Zhè shì wǒ de hùzhào.

□ 방문목적은 무엇입니까?

라이팡 더 무띠 스 션머

来访的目的是什么?
Láifáng de mùdì shì shénme?

□ 여행하러 왔습니다.

라이 뤼씽

来旅行。
Lái lǚxíng.

□ 출장으로 왔습니다.

워 추차이 라이 러

我出差来了。
Wǒ chūchāi lái le.

□ 얼마 동안 머물 예정입니까?

니 따쑤안 팅리우 뚜어창 스찌엔

你打算停留多长时间？
Nǐ dǎsuan tíngliú duōcháng shíjiān?

□ 약 2주입니다.

따위에 량 거 씽치

大约两个星期。
Dàyuē liǎng ge xīngqī.

□ 어디에 묵으실 예정입니까?

니 준뻬이 쭈 날

你准备住哪儿？
Nǐ zhǔnbèi zhù nǎr?

□ (주소를 보여주며) 여기에 묵을 겁니다.

워 쭈 짜이 쩔

我住在这儿。
Wǒ zhù zài zhèr.

□ 북경호텔에 묶을 겁니다.

워 쭈 베이징 판띠엔

我住北京饭店。
Wǒ zhù Běijīng fàndiàn.

□ (탑승권을 보여주며) 이 항공편 짐은 어디에서 찾나요?

쩌 빤 페이찌 더 씽리 짜이 날 취

这班飞机的行李在哪儿取？

Zhè bān fēijī de xíngli zài nǎr qǔ?

□ 아래층으로 내려가세요.

칭 따오 러우샤 취 바

请到楼下去吧。

Qǐng dào lóuxià qù ba.

□ 카트는 어디에 있습니까?

날 여우 씽리처

哪儿有行李车？

Nǎr yǒu xínglichē?

□ 이건 제 짐입니다.

쩌 스 워 더 씽리

这是我的行李。

Zhè shì wǒ de xíngli.

□ 수하물 안내소가 어디에 있습니까?

씽리차쉰추 짜이 날

行李查询处在哪儿？

Xíngli cháxúnchù zài nǎr?

□ 제 짐이 없어졌습니다.

워 더 씽리 메이여우 러
我的行李没有了。
Wǒ de xíngli méiyǒu le.

□ 수하물표를 보여주세요.

칭 추스 씽리티아오
请出示行李条。
Qǐng chūshì xínglitiáo.

□ 안에 든 물건을 급히 써야 합니다.

워 나 리삐엔 더 뚱씨 하이 지저 융 너
我那里边的东西还急着用呢！
Wǒ nà lǐbian de dōngxi hái jízhe yòng ne!

□ 연락처를 남겨주세요.

칭 리우샤 닌 더 띠엔화
请留下您的电话。
Qǐng liúxià nín de diànhuà.

□ 저희가 짐을 찾으면 바로 연락 드리겠습니다.

워먼 자오따오 씽리 허우 마상 허 닌 리엔씨
我们找到行李后马上和您联系。
Wǒmen zhǎodào xíngli hòu mǎshàng hé nín liánxi.

□ 신고하실 물건이 있습니까?

여우 션머 야오 션빠오 더 뚱씨 마
有什么要申报的东西吗？
Yǒu shénme yào shēnbào de dōngxi ma?

□ 없습니다. 모두 제 개인용품입니다.

메이 여우 떠우 스 쓰런 융핀
没有，都是私人用品。
Méiyǒu, dōu shì sīrén yòngpǐn.

□ 이 트렁크를 열어보세요.

칭 바 쩌거 피샹 따카이
请把这个皮箱打开。
Qǐng bǎ zhège píxiāng dǎkāi.

□ 이것은 무엇입니까?

쩌 스 션머
这是什么？
Zhè shì shénme?

□ 이건 친구에게 줄 선물입니다.

쩌 스 쏭게이 펑여우 더 리우
这是送给朋友的礼物。
Zhè shì sònggěi péngyou de lǐwù.

□ 담배와 술을 가져오셨습니까?

따이 메이 따이 샹옌 허 지우

带没带香烟和酒？
Dài méi dài xiāngyān hé jiǔ?

□ 과일과 식물을 휴대하셨습니까?

여우 수이구어 허 즈우 마

有水果和植物吗？
Yǒu shuǐguǒ hé zhíwù ma?

□ 과일과 식물은 모두 검역을 거쳐야 합니다.

수이구어 허 즈우 떠우 스 야오 찌엔이 더

水果和植物都是要检疫的。
Shuǐguǒ hé zhíwù dōu shì yào jiǎnyì de.

□ 이 물건은 관세를 내야 합니다.

쩌거 뚱씨 떼이 찌아오 꾸안쑤이

这个东西得交关税。
Zhège dōngxi děi jiāo guānshuì.

□ 신고서를 출구쪽 직원에게 내세요.

칭 바 션빠오딴 찌아오 게이 추커우추 더 꾸안위엔

请把申报单交给出口处的官员。
Qǐng bǎ shēnbàodān jiāo gěi chūkǒuchù de guānyuán.

□ 어디에서 외화를 바꿀 수 있나요?

션머 띠팡 커이 뚜이환 와이삐

什么地方可以兑换外币？

Shénme dìfang kěyǐ duìhuàn wàibì?

□ 환전소가 어디에 있습니까?

뚜이환추 짜이 날

兑换处在哪儿？

Duìhuànchù zài nǎr?

□ 환전하겠습니다.

워 야오 환치엔

我要换钱。

Wǒ yào huànqián.

□ 달러를 인민폐로 바꿔주세요.

칭 바 메이위엔 환청 런민삐

请把美元换成人民币。

Qǐng bǎ Měiyuán huànchéng Rénmínbì.

□ 여행자수표를 현금으로 바꿔주세요.

칭 바 뤼씽즈피아오 환청 씨엔찐

请把旅行支票换成现金。

Qǐng bǎ lǚxíng zhīpiào huànchéng xiànjīn.

□ 오늘 환율은 얼마입니까?

찐티엔 더 뚜이환뤼 스 뚜어사오

今天的兑换率是多少？
Jīntiān de duìhuànlǜ duōshao?

□ 얼마나 바꿔시겠습니까?

야오 환 뚜어사오

要换多少？
Yào huàn duōshao?

□ 500달러를 바꾸겠습니다.

환 우바이 메이위엔

换五百美元。
Huàn wǔbǎi Měiyuán.

□ 소액권으로도 좀 바꿔 주시겠습니까?

게이 워 이띠얼 씨아오 미엔어 더 하오 마

给我一点儿小面额的好吗？
Gěi wǒ yìdiǎnr xiǎo miàn'é de hǎo ma?

□ 여기 영수증입니다. 세어 보세요.

쩌 스 서우쥐 칭 띠엔 이샤

这是收据，请点一下。
Zhè shì shōujù, qǐng diǎn yíxià.

□ 예약을 재확인하고 싶습니다.

샹 야오 취에런 찌피아오
我要确认机票。
Wǒ yào quèrèn jīpiào.

□ 성함과 항공편을 말씀해주십시오.

칭 까오쑤 워 닌 더 씽밍 허 페이지 항빤 빤츠
请告诉我您的姓名和飞机航班班次。
Qǐng gàosu wǒ nín de xìngmíng hé fēijī hángbān bāncì.

□ 저는 김승수이고 CA321편입니다.

워 찌아오 찐성씨우 씨에이 싼 얼 이 항빤
我叫金胜秀，CA321航班。
Wǒ jiào Jīn Shèngxiù, CA sān èr yī hángbān.

□ 나는 7월 9일 서울로 가는 MU8361편을 예약했습니다.

워 위띵 러 치 위에 지우하오 페이왕 서우얼 더 엠유 빠 싼 리우 이 항빤
我预订了7月9号飞往首尔的MU8361航班。
Wǒ yùdìng le qī yuè jiǔ hào fēiwǎng Shǒu'ěr de MU bā sān liù yī hángbān.

□ 어디에서 예약하셨습니까?

짜이 날 띵 더
在哪儿订的?
Zài nǎr dìng de?

□ 한국에서 예약했습니다.

짜이 한구어 띵 더

在韩国订的。
Zài Hánguó dìng de.

□ 항공편과 출발일을 변경하고 싶습니다.

워 샹 까이 항빤 허 추파 르치

我想改航班和出发日期。
Wǒ xiǎng gǎi hángbān hé chūfā rìqī.

□ 원래 5월 13일 서울에 가는 것을 예약했습니다.

위엔띵 우 위에 스싼 하오페이 서우얼

原定5月13号飞首尔。
Yuándìng wǔ yuè shísān hào fēi Shǒu'ěr.

□ 16일로 변경하고 싶습니다.

샹 까이청 스리우 하오 더

想改成16号的。
Xiǎng gǎichéng shíliù hào de.

□ 손님 자리가 이미 확인되었습니다.

닌 더 웨이쯔 이찡 취에런 러

您的位子已经确认了。
Nín de wèizi yǐjing quèrèn le.

□ 북경에서 서울 가는 비행기표를 예약하고 싶습니다.

워 샹 띵 이 짱 총 베이징 따오 서우얼 더 찌피아오

我想订一张从北京到首尔的机票。

Wǒ xiǎng dìng yì zhāng cóng Běijīng dào Shǒu'ěr de jīpiào.

□ 이번 주 일요일에 자리가 있습니까?

쩌거 씽치티엔 여우 쭈어웨이 마

这个星期天有座位吗？

Zhège xīngqītiān yǒu zuòwèi ma?

□ 7월 30일에 서울에 가는 표를 예약하려고 합니다.

워 야오 띵 치 위에 싼스 하오 페이왕 서우얼 더 피아오

我要订7月30号飞往首尔的票。

Wǒ yào dìng qī yuè sānshí hào fēiwǎng Shǒu'ěr de piào.

□ 이코노미 클래스로 두 장 주세요.

워 띵 량 짱 찡찌창

我订两张经济舱。

Wǒ dìng liǎng zhāng jīngjìcāng.

□ 비즈니스 클래스로 예약해 주세요.

칭 게이 워 띵 꿍우창

请给我订公务舱。

Qǐng gěi wǒ dìng gōngwùcāng.

□ 가장 이른 비행기를 예약하고 싶습니다.

워 샹 위띵 쭈이짜오 더 빤지

我 想 预订 最早 的 班机。
Wǒ xiǎng yùdìng zuìzǎo de bānjī.

□ 죄송하지만 자리가 없습니다.

뚜이부치 메이여우 웨이쯔

对不起，没有位子。
Duìbuqǐ, méiyǒu wèizi.

□ 그날은 항공편이 없습니다.

나티엔 메이여우 항빤

那天没有航班。
Nàtiān méiyǒu hángbān.

□ 대기자명단에 넣어주실 수 있습니까?

넝 따이찌 마

能待机吗？
Néng dàijī ma?

□ 출발시간은 변동이 없습니까?

치페이 스찌엔 부 삐엔 마

起飞时间不变吗？
Qǐfēi shíjiān bú biàn ma?

□ 여기 제 여권과 항공권입니다.

쩌 스 워 더 후짜오 허 찌피아오

这是我的护照和机票。
Zhè shì wǒ de hùzhào hé jīpiào.

□ 옆 카운터에서 탑승권수속을 하세요.

짜이 팡삐엔 꾸이타이 빤피아오

在旁边柜台办票。
Zài pángbian guìtái bànpiào.

□ 손님의 예약기록이 없습니다.

메이여우 닌 더 띵쭈어 찌루

没有您的订座记录。
Méiyǒu nín de dìngzuò jìlù.

□ 저는 확실히 재확인을 했습니다.

워 취에스 취에런꾸어 쭈어웨이

我确实确认过座位。
Wǒ quèshí quèrènguo zuòwèi.

□ 통로쪽 자리로 주세요.

워 야오 카오 퉁따오 더 쭈어웨이

我要靠通道的座位。
Wǒ yào kào tōngdào de zuòwèi.

□ 친구와 함께 앉고 싶습니다.

워 샹 퉁 워 펑여우 쭈어 짜이 이치

我想同我朋友坐在一起。
Wǒ xiǎng tóng wǒ péngyou zuò zài yìqǐ.

□ 이 짐을 부치겠습니다.

워 야오 투어윈 쩌 찌엔 씽리

我要托运这件行李。
Wǒ yào tuōyùn zhè jiàn xíngli.

□ 손님의 짐이 무게를 초과하였습니다.

닌 더 씽리 차오쫑 러

您的行李超重了。
Nín de xíngli chāozhòng le.

□ 이 짐을 기내로 가져갈 수 있습니까?

쩌 찌엔 씽리 넝 따이진 찌창 마

这件行李能带进机舱吗？
Zhè jiàn xíngli néng dàijìn jīcāng ma?

□ 몇 번 탑승구에서 탑니까?

총 지 하오 떵찌커우 떵찌

从几号登机口登机？
Cóng jǐ hào dēngjīkǒu dēngjī?

잠깐 !

숙박시설 가운데 가장 많이 이용하는 것이 호텔입니다. 호텔을 중국에서는 반점(饭店), 주점(酒店)이라고 합니다. 규모가 큰 곳은 앞에 대(大)를 붙여 대반점(大饭店), 대주점(大酒店)이란 간판을 내걸기도 합니다. 우리나라의 중국음식점을 떠올려 요리만 만들어 파는 곳으로 오해하시는 분이 있는데 엄연히 숙박시설이 완비된 호텔임을 잊지 말아야 할 것입니다. 옛날 우리나라에는 주막이 있어 나그네에게 음식과 잠자리를 제공했습니다. 중국도 옛날부터 이들 음식점에서 잠자리 편의도 함께 제공하였기에 지금도 호텔을 반점이나 주점으로 부르고 있는 것입니다.

호텔 외에도 주로 공무를 수행하는 사람들이 출장을 다닐 때 묵는 초대소(招待所)라는 숙박시설도 있습니다. 일반 중국인에게 숙박을 허가하지만 외국관광객에는 숙박을 제한하기도 합니다. 하지만 중국에서는 되는 것도 안 되는 것도 없기 때문에 어떻게 협상하느냐에 따라 불가능을 가능으로 만들 수도 있습니다. 그 외에 소규모 숙박시설인 여관(旅馆)이 있고 중국 교포나 재중 한인이 운영하는 민박도 있습니다.

중국 호텔과 다른 나라 호텔의 가장 큰 차이점은 보증금제도를 운영한다는 것입니다. 체크인할 때 일정액의 현금을 받거나 카드로 미리 며칠 분의 숙박비를 결제한 다음 체크아웃할 때 정산하여 현금을 돌려받거나 추가로 납부합니다. 카드로 보증금을 냈다면 처음의 신용카드결제를 취소하고 다시 실제 나온 비용만큼만 신용카드로 지불하면 됩니다.

숙박

1. 예약할 때

2. 체크인할 때

3. 호텔 서비스 이용할 때

4. 불편한 점이 있을 때

5. 숙박기간을 변경하거나 체크아웃할 때

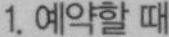

☐ 객실을 예약하겠습니다.

워 야오 띵 팡찌엔

我要订房间。
Wǒ yào dìng fángjiān.

☐ 오늘밤에 호텔에 투숙하려고 합니다.

워 찐티엔 완상 야오 쭈 판띠엔

我今天晚上要住饭店。
Wǒ jīntiān wǎnshang yào zhù fàndiàn.

☐ 여기에서 호텔을 예약할 수 있습니까?

넝 짜이 쩔 띵 판띠엔 마

能在这儿订饭店吗？
Néng zài zhèr dìng fàndiàn ma?

☐ 시내에서 가까운 호텔을 소개해 주세요.

칭 찌에사오 이샤 스네이 더판띠엔

请介绍一下市内的饭店。
Qǐng jièshào yíxià shìnèi de fàndiàn.

☐ 저는 여기에서 가까운 호텔을 찾고 있습니다.

워 샹 자오 리 쩔 찐 더 판띠엔

我想找离这儿近的饭店。
Wǒ xiǎng zhǎo lí zhèr jìn de fàndiàn.

□ 교통이 편리한 곳이 좋겠습니다.

쭈이하오 스 찌아오퉁 팡삐엔 더 띠팡
最好是交通方便的地方。
Zuìhǎo shì jiāotōng fāngbiàn de dìfang.

□ 근처에 유스호스텔이 있습니까?

푸찐 여우 구어찌 칭사오니엔 자오따이쑤어 마
附近有国际青少年招待所吗？
Fùjìn yǒu guójì qīngshàonián zhāodàisuǒ ma?

□ 더 저렴한 호텔이 있습니까?

여우 메이여우 껑 피엔이 더판띠엔
有没有更便宜的饭店？
Yǒu méiyǒu gèng piányi de fàndiàn?

□ 하룻밤에 500위안 이하인 방이 좋겠습니다.

쭈이하오 이거 완상 우바이 콰이 치엔 이샤
最好一个晚上五百块钱以下。
Zuìhǎo yí ge wǎnshang wǔbǎi kuài qián yǐxià.

□ 트윈룸으로 주세요.

워 샹 야오 수앙런팡
我想要双人房。
Wǒ xiǎng yào shuāngrénfáng.

□ 싱글룸도 괜찮습니다.

딴런팡 예 커이
单人房也可以。
Dānrénfáng yě kěyǐ.

□ 욕실만 딸려있으면 됩니다.

즈야오 여우 린위 더 팡찌엔
只要有淋浴的房间。
Zhǐyào yǒu línyù de fángjiān.

□ 하룻밤 묵는데 얼마입니까?

이 거 완상 뚜어사오 치엔
一个晚上多少钱？
Yí ge wǎnshang duōshao qián?

□ 300위안 이하인 객실이 있습니까?

여우 싼바이 콰이 치엔 이샤 더 팡찌엔 마
有三百块钱以下的房间吗？
Yǒu sānbǎi kuài qián yǐxià de fángjiān ma?

□ 좀 더 싼 방 있습니까?

여우 껑 피엔이 띠얼 더 팡찌엔 마
有更便宜点儿的房间吗？
Yǒu gèng piányi diǎnr de fángjiān ma?

□ 아침식사 포함입니까?

한 짜오찬 마

含早餐吗?
Hán zǎocān ma?

□ 방을 좀 보여주실 수 있습니까?

넝 랑 워 칸칸 팡찌엔 마

能让我看看房间吗?
Néng ràng wǒ kànkan fángjiān ma?

□ 인터넷이 가능합니까?

커이 상왕 마

可以上网吗?
Kěyǐ shàngwǎng ma?

□ 3일 묵겠습니다.

워 야오 쭈 싼 티엔

我要住三天。
Wǒ yào zhù sān tiān.

□ 죄송하지만 다른 곳을 좀 더 찾아보겠습니다.

뚜이부치 워 짜이 취 자오자오 비에더

对不起，我再去找找别的。
Duìbuqǐ, wǒ zài qù zhǎozhao biéde.

□ 체크인하겠습니다.

워 야오 빤리 루쭈 떵찌 서우쉬
我要办理入住登记手续。
Wǒ yào bànlǐ rùzhù dēngjì shǒuxù.

□ 지금 투숙할 수 있습니까?

씨엔짜이 넝 루쭈 마
现在能入住吗？
Xiànzài néng rùzhù ma?

□ 예약하셨습니까?

닌 띵꾸어 팡찌엔 마
您订过房间吗？
Nín dìngguo fángjiān ma?

□ 예약했습니다. 여기 예약확인서(바우처)입니다.

띵꾸어 쩌 스 띵딴
订过。这是订单。
Dìngguo. Zhè shì dìngdān.

□ 죄송하지만 예약기록이 없습니다

메이여우 닌 더 띵팡 찌루
没有您的订房记录。
Méiyǒu nín de dìngfáng jìlù.

□ 다시 한 번 확인해보세요.

칭 짜이 차 이 삐엔
请再查一遍。
Qǐng zài chá yí biàn.

□ 숙박부에 기재해주십시오.

칭 닌 티엔씨에 쭈쑤 떵찌카
请您填写住宿登记卡。
Qǐng nín tiánxiě zhùsù dēngjìkǎ.

□ 보증금은 어떻게 지불하시겠습니까?

야찐 쩐머 푸
押金怎么付？
Yājīn zěnme fù?

□ 카드로 하겠습니다.

워 수아카
我刷卡。
Wǒ shuākǎ.

□ 짐을 방까지 옮겨주세요.

칭 바 씽리 윈따오 워더 팡찌엔
请把行李运到我的房间。
Qǐng bǎ xíngli yùndào wǒ de fángjiān.

□ 내일 아침 6시에 모닝콜 해주세요.

밍티엔 짜오상 리우 띠엔 찌아오씽 워

明天早上六点叫醒我。

Míngtiān zǎoshang liù diǎn jiàoxǐng wǒ.

□ 룸서비스를 연결해주세요.

칭 쭈안 커팡푸우

请转客房服务。

Qǐng zhuǎn kèfáng fúwù.

□ 방에서 아침식사를 하고 싶습니다.

워 야오 짜이 팡찌엔리 츠 짜오판

我要在房间里吃早饭。

Wǒ yào zài fángjiānli chī zǎofàn.

□ 몇 호실입니까?

닌 쭈 지 하오 팡찌엔

您住几号房间？

Nín zhù jǐ hào fángjiān?

□ 여기는 823호실입니다.

쩌 스 빠 얼 싼 하오 팡찌엔

这是八二三号房间。

Zhè shì bā èr sān hào fángjiān.

□ 여기 세탁서비스 됩니까?

쩔 여우 씨이푸우 마
这儿有洗衣服务吗？
Zhèr yǒu xǐyī fúwù ma?

□ 이 옷들을 좀 세탁해주세요.

칭 바 쩌씨에 이푸 씨 이 씨
请把这些衣服洗一洗。
Qǐng bǎ zhèxiē yīfu xǐ yi xǐ.

□ 이 옷은 드라이클리닝해야 합니다.

쩌 찌엔 이푸 야오 깐씨
这件衣服要干洗。
Zhè jiàn yīfu yào gānxǐ.

□ 이 셔츠를 다려주세요.

칭 바 쩌 찌엔 천샨 윈윈
请把这件衬衫熨熨。
Qǐng bǎ zhè jiàn chènshān yùnyun.

□ 언제 입을 수 있습니까?

션머 스허우 커이 추안
什么时候可以穿？
Shénme shíhou kěyǐ chuān?

□ 호텔 내에 미용실이 있습니까?

짜이 판띠엔리 여우 메이롱위엔 마

在饭店里有美容院吗?

Zài fàndiànli yǒu měiróngyuàn ma?

□ 이발해 주세요.

워 샹 찌엔파

我想剪发。

Wǒ xiǎng jiǎnfà.

□ 파마해 주세요.

칭 게이 워 탕파

请给我烫发。

Qǐng gěi wǒ tàngfà.

□ 수염 좀 깎아 주세요.

칭 게이 워 꾸아꾸아 후쯔

请给我刮刮胡子。

Qǐng gěi wǒ guāgua húzi.

□ 이 스타일로 깎아 주세요.

칭 찌엔청 쩌거 양스

请剪成这个样式。

Qǐng jiǎnchéng zhège yàngshì.

□ 호텔에는 어떤 시설이 있습니까?

판띠엔리 여우 션머 셔스

饭店里有什么设施？

Fàndiànli yǒu shénme shèshī?

□ 호텔에 사우나가 있습니까?

판띠엔리 여우 쌍나위 마

饭店里有桑拿浴吗？

Fàndiànli yǒu sāngnáyù ma?

□ 헬스장은 어디에 있습니까?

찌엔션팡 짜이 날

健身房在哪儿？

Jiànshēnfáng zài nǎr?

□ 수영장을 무료로 이용할 수 있습니까?

커이 미엔페이 스융 여우융츠 마

可以免费使用游泳池吗？

Kěyǐ miǎnfèi shǐyòng yóuyǒngchí ma?

□ 귀중품을 여기에 좀 맡기고 싶습니다.

워 샹 바 꾸이쭝우핀 팡짜이 쩔 빠오꾸안 이샤

我想把贵重物品放在这儿保管一下。

Wǒ xiǎng bǎ guìzhòngwùpǐn fàng zài zhèr bǎoguǎn yíxià.

□ 방이 깨끗이 정리되지 않았습니다.

팡찌엔 메이여우 서우스 깐찡

房间没有收拾干净。
Fángjiān méiyǒu shōushi gānjìng.

□ 옆방이 시끄러워서 잠을 잘 수가 없습니다.

꺼삐 차오더 워 수이뿌쟈오 찌아오

隔壁吵得我睡不着觉。
Gébì chǎode wǒ shuìbuzháo jiào.

□ 방을 바꿔주세요.

칭 게이 워 환 거 팡찌엔

请给我换个房间。
Qǐng gěi wǒ huàn ge fángjiān.

□ 방이 너무 덥습니다.

팡찌엔 타이 러

房间太热。
Fángjiān tài rè.

□ 에어컨이 고장 난 것 같습니다.

쿵티야오 하오샹 후아이 러

空调好像坏了。
Kōngtiáo hǎoxiàng huài le.

□ 배수구가 막혀 바닥이 온통 물입니다.
파이수이꾸안 뚜 러 만띠 떠우스 수이
排水管堵了，满地都是水。
Páishuǐguǎn dǔ le, mǎndì dōu shì shuǐ.

□ 욕실에서 뜨거운 물이 나오지 않습니다.
위스리 뿌 추 러수이
浴室里不出热水。
Yùshìli bù chū rèshuǐ.

□ 수도꼭지에서 물이 샙니다.
수이롱터우 러우수이
水龙头漏水。
Shuǐlóngtóu lòushuǐ.

□ 변기가 막혔습니다.
마퉁 뚜쭈 러
马桶堵住了。
Mǎtǒng dǔzhù le.

□ 어서 와서 고쳐주세요.
칭 콰이 띠얼 씨우리 이샤
请快点儿修理一下。
Qǐng kuài diǎnr xiūlǐ yíxià.

□ 창문이 열리지 않습니다.

추앙후 따부카이

窗户打不开。
Chuānghu dǎbukāi.

□ 문이 잠겨지지 않습니다.

먼 쑤어부상

门锁不上。
Mén suǒbushang.

□ 텔레비전이 선명하지 않습니다.

띠엔스 뿌 칭추

电视不清楚。
Diànshì bù qīngchu.

□ 전등이 켜지지 않습니다.

띠엔떵 부 량

电灯不亮。
Diàndēng bú liàng.

□ 열쇠카드를 방에 두고 왔습니다.

워 더 팡카 라 짜이 팡찌엔리 러

我的房卡落在房间里了。
Wǒ de fángkǎ là zài fángjiānli le.

□ 비누가 없습니다.

상짜오 메이여우 러
香皂没有了。
Xiāngzào méiyǒu le.

□ 수건 한 장 더 주세요.

칭 짜이 게이 워 이 티아오 마오찐
请再给我一条毛巾。
Qǐng zài gěi wǒ yì tiáo máojīn.

□ 리모컨 사용법 좀 가르쳐 주세요.

칭 찌아오 워 쩐머 융 야오쿵치
请教我怎么用遥控器。
Qǐng jiāo wǒ zěnme yòng yáokòngqì.

□ 내일은 방을 좀 늦게 청소해 주세요.

칭 밍티엔 완 이띠얼 따싸오 웨이성
请明天晚一点儿打扫卫生。
Qǐng míngtiān wǎn yìdiǎnr dǎsǎo wèishēng.

□ 사람 좀 보내 주세요.

칭 파이 런 라이 칸 이샤
请派人来看一下。
Qǐng pài rén kàn yíxià.

□ 하루 일찍 체크아웃하려고 합니다.

워 샹 짜이 이 티엔 투이팡

我 想 早 一 天 退 房。
Wǒ xiǎng zǎo yì tiān tuìfáng.

□ 하루 더 묵고 싶습니다.

워 야오 뚜어 쭈 이 티엔

我 要 多 住 一 天。
Wǒ yào duō zhù yì tiān.

□ 체크아웃하겠습니다.

워 야오 투이팡

我 要 退 房。
Wǒ yào tuìfáng.

□ 여기 계산서입니다.

쩌 스 닌 더 쨩딴

这 是 您 的 帐 单。
Zhè shì nín de zhàngdān.

□ 계산서에 문제가 있습니다.

쨩딴 상 여우 원티

帐 单 上 有 问 题。
Zhàngdān shang yǒu wèntí.

□ 나는 냉장고에 있는 맥주를 마시지 않았습니다.

워 메이 허 삥샹리 더 피지우

我没喝冰箱里的啤酒。
Wǒ méi hē bīngxiāngli de píjiǔ.

□ 신용카드로 계산하시겠습니까?

닌 스 융 씬융카 푸짱 마

您是用信用卡付帐吗?
Nín shì yòng xìnyòngkǎ fùzhàng ma?

□ 짐을 맡길 수 있습니까?

넝 찌춘 씽리 마

能寄存行李吗?
Néng jìcún xíngli ma?

□ 제가 맡긴 귀중품을 찾고 싶습니다.

워 야오 취 워 찌 더 꾸이중우핀

我要取我寄的贵重物品。
Wǒ yào qǔ wǒ jì de guìzhòngwùpǐn.

□ 택시를 한 대 불러 주세요.

칭 찌아오 이 량 추쭈처

请叫一辆出租车。
Qǐng jiào yí liàng chūzūchē.

금강산도 식후경이다. 아무리 아름다운 경치도 주린 배를 채우지 않으면 들어오지 않는 법이다. 특히 중국음식은 프랑스, 터키와 함께 세계 3대 요리로 꼽고 있어 식도락가의 천국이라고 할 수 있다. 음식을 제대로 먹어보지 않고 참다운 중국여행을 했다고 말할 순 없을 것이다. 중국은 넓은 영토에 걸맞게 지역마다 특색이 있다. 오랫동안 황제가 살았던 북경은 궁중요리가 유명하고 사천요리는 고추, 후추 등이 많이 들어가기 때문에 아주 맵고 짜릿한 맛을 즐길 수 있다. 매운 것을 좋아하는 한국 사람 대부분은 사천요리를 즐겨 먹는 편이다. '네 발 달린 것 중에는 탁자만 빼고, 하늘을 나는 것 중에는 비행기만 빼고 다 먹는다.'는 말은 광동요리에서 나온 말이다. 중국에서도 대표요리로 치는 광동요리는 재료의 다양성에서 타의 추종을 불허한다. 뱀, 고양이, 원숭이, 너구리, 꿩, 철갑상어 등 먹을 수 있는 것이라면 육해공을 가리지 않는다.

마파두부, 불도장, 삭스핀, 제비집요리, 누룽지탕, 동파육, 북경 오리구이 등과 같이 중국음식은 우리에게 무척 친숙하다. 그 중에는 드라마 '대장금'을 통해 널리 알려진 '만한전석'도 있다. 아쉬운 점이라면 이런 음식이 그렇게 싼 편은 아니라는 것이다. 우리나라에서 먹는 것보다야 저렴하겠지만 생각보다 비싸다는 점은 감안해야 한다. 여비를 아낀다고 싼 음식만 찾다보면 만두만 먹다가 돌아와야 할 지도 모른다.

식사

IV

1. 음식점을 찾을 때
2. 음식점을 예약할 때
3. 음식점에서 자리를 잡을 때
4. 음식을 주문할 때
5. 음식을 먹을 때
6. 계산할 때
7. 패스트푸드점을 이용할 때
8. 술·음료를 마실 때

□ 현지인이 즐겨 찾는 음식점을 소개해 주세요.

칭 찌에사오 뻔띠런 아이 취 더 차이꾸안

请介绍本地人爱去的菜馆。
Qǐng jièshào běndìrén ài qù de càiguǎn.

□ 한국 사람은 어떤 음식점을 자주 갑니까?

한구어런 창 취 나씨에 띠엔

韩国人常去哪些店?
Hánguórén cháng qù nǎxiē diàn?

□ 어느 광동음식점이 싸고 맛이 있습니까?

나 찌아 꾸앙뚱 차이꾸안 찌 피엔이 여우 하오츠

哪家广东菜馆既便宜又好吃?
Nǎ jiā Guǎngdōng càiguǎn jì piányi yòu hǎochī?

□ 이곳에 한국음식점이 있습니까?

쩔 여우 한구어 찬팅 마

这儿有韩国餐厅吗?
Zhèr yǒu Hánguó cāntīng ma?

□ 근처에 패스트푸드점이 있습니까?

푸찐 여우 콰이찬띠엔 마

附近有快餐店吗?
Fùjìn yǒu kuàicāndiàn ma?

□ 식당가는 어디에 있습니까?

메이스찌에 짜이 날
美食街在哪儿？
Měishíjiē zài nǎr?

□ 지금은 어떤 계절음식이 있습니까?

씨엔짜이 여우 션머 스링차이
现在有什么时令菜？
Xiànzài yǒu shénme shílìngcài?

□ 그 음식점의 이름과 주소를 가르쳐 주세요.

칭 까오쑤 워 나 찌아 띠엔 더 밍청 허 띠즈
请告诉我那家店的名称和地址。
Qǐng gàosu wǒ nà jiā diàn de míngchēng hé dìzhǐ.

□ 이 지도의 어느 위치에 있습니까?

짜이 쩌 짱 띠투 더 나거 웨이쯔
在这张地图的哪个位置？
Zài zhè zhāng dìtú de nǎge wèizhì?

□ 약도를 그려주실 수 있습니까?

넝 화 짱 스이투 마
能画张示意图吗？
Néng huà zhāng shìyìtú ma?

□ 사전에 예약을 해야 합니까?

야오 티치엔 띵쭈어 마

要提前订座吗?
Yào tíqián dìngzuò ma?

□ 영업시간을 알려 주세요.

칭 까오쑤 워 잉예 스찌엔

请告诉我营业时间。
Qǐng gàosu wǒ yíngyè shíjiān.

□ 자리를 예약해 주세요.

칭 게이 워 띵쭈어

请给我订座。
Qǐng gěi wǒ dìngzuò.

□ 오늘 저녁은 자리가 모두 찼습니다.

찐완 이찡 만쭈어 러

今晚已经满座了。
Jīnwǎn yǐjing mǎnzuò le.

□ 내일 저녁 자리로 예약하고 싶습니다.

워 샹 띵 밍티엔 완상 더

我想订明天晚上的。
Wǒ xiǎng dìng míngtiān wǎnshang de.

□ 내일 점심 12시, 네 사람입니다.

밍티엔 쫑우 스얼 띠엔 쓰 웨이
明天中午十二点，四位。
Míngtiān zhōngwǔ shí'èr diǎn, sì wèi.

□ 좀 조용한 자리로 준비해 주세요.

칭 준뻬이 안찡 띠얼 더 쭈어웨이
请准备安静点儿的座位。
Qǐng zhǔnbèi ānjìng diǎnr de zuòwèi.

□ 룸으로 예약하고 싶습니다.

샹 띵 빠오찌엔
想订包间。
Xiǎng dìng bāojiān.

□ 예약시간을 좀 변경해 주세요.

칭 게이 워먼 까이 이샤 스찌엔
请给我们改一下时间。
Qǐng gěi wǒmen gǎi yíxià shíjiān.

□ 예약을 취소하고 싶습니다.

워 샹 취씨아오 띵 더 쭈어웨이
我想取消订的座位。
Wǒ xiǎng qǔxiāo dìng de zuòwèi.

□ 안녕하세요, 몇 분이십니까?

닌 하오 닌 지 웨이

您好，您几位？

Nín hǎo, nín jǐ wèi?

□ 세 자리 예약했습니다.

워 띵 러 싼 웨이

我订了三位。

Wǒ dìng le sān wèi.

□ 한 사람은 늦게 올 겁니다.

여우 이 거 런 야오 완따오

有一个人要晚到。

Yǒu yí ge rén yào wǎndào.

□ 예약하지 않았습니다. 빈자리 있습니까?

워먼 메이여우 띵쭈어 여우 쿵웨이 마

我们没有订座。有空位吗？

Wǒmen méiyǒu dìngzuò. Yǒu kòngwèi ma?

□ 자리를 준비해드릴 순 있지만 기다리셔야 합니다.

쭈어웨이 커이 안파이 딴 야오 사오 떵

座位可以安排，但要稍等。

Zuòwèi kěyǐ ānpái, dàn yào shāo děng.

□ 얼마나 오래 기다려야 합니까?

야오 떵 뚜어창 스찌엔
要等多长时间？
Yào děng duōcháng shíjiān?

□ 금연석으로 주실 수 있습니까?

넝 게이 워먼 안파이 찐옌씨 마
能给我们安排禁烟席吗？
Néng gěi wǒmen ānpái jìnyānxí ma?

□ 구석자리로 주세요.

워 야오 카오 치앙찌아오 더 쭈어웨이
我要靠墙角的座位。
Wǒ yào kào qiángjiǎo de zuòwèi.

□ 조용한 자리로 옮길 수 있습니까?

넝 환 거 안찡 더 웨이쯔 마
能换个安静的位子吗？
Néng huàn ge ānjìng de wèizi ma?

□ 안에 들어가 사람을 찾아도 될까요?

워 샹 따오 리미엔 자오런 씽 마
我想到里面找人，行吗？
Wǒ xiǎng dào lǐmian zhǎorén, xíng ma?

□ 메뉴판 주세요.

칭 게이 워 차이딴

请给我菜单。

Qǐng gěi wǒ càidān.

□ 차는 돈을 받습니까?

차 서우페이 마

茶收费吗？

Chá shōufèi ma?

□ 받습니다. 한 주전자에 10위안입니다.

서우페이 스 콰이 치엔 이 후

收费，十块钱一壶。

Shōufèi, shí kuài qián yì hú.

□ 이곳에는 무슨 특색요리가 있습니까?

니 쩔 여우 션머 터써차이

你这儿有什么特色菜？

Nǐ zhèr yǒu shénme tèsècài?

□ 특색요리에는 궁보계정, 동파육, 경장육사가 있습니다.

터써차이 스 꿍빠오찌띵 뚱포러우 찡쌍러우쓰

特色菜是宫保鸡丁、东坡肉、京酱肉丝。

Tèsècài shì gōngbǎojīdīng、 dōngpòròu、 jīngjiàngròusī.

□ 마파부두 하나, 당초어 하나, 어향육사 하나 주세요.

야오 이 거 마포떠우푸 이 거 탕추위 이거 위샹러우쓰

要一个麻婆豆腐、一个糖醋鱼、一个鱼香肉丝。

Yào yí ge mápodòufu、yí ge tángcùyú、yí ge yúxiāngròusī.

□ 어떤 요리가 빨리 됩니까?

나 따오 차이 상더 콰이

哪道菜上得快？

Nǎ dào cài shàngde kuài?

□ 저것과 같은 것으로 주세요.

워 야오 허 나거 이양 더

我要和那个一样的。

Wǒ yào hé nàge yíyàng de.

□ 이것은 소고기로 만든 것입니까?

쩌 스 융 니우러우 쭈어 더 마

这是用牛肉做的吗？

Zhè shì yòng niúròu zuò de ma?

□ 이건 양이 얼마나 되나요?

쩌거 량 여우 뚜어따

这个量有多大？

Zhège liàng yǒu duōdà?

□ 이것은 무슨 요리입니까?

쩌 스 션머 차이
这是什么菜?
Zhè shì shénme cài?

□ 이 요리는 어떤 맛이 납니까?

쩌 따오 차이 스 션머 웨이따오
这道菜是什么味道?
Zhè dào cài shì shénme wèidào?

□ 너무 짜게 하지 마세요.

부 야오 쭈어더 타이 씨엔
不要做得太咸。
Bú yào zuòde tài xián.

□ 좀 맵게 해주세요.

칭 쭈어더 라 이띠얼
请做得辣一点儿。
Qǐng zuòde là yìdiǎnr.

□ 향채(고수)는 넣지 마세요.

부 야오 샹차이
不要香菜。
Bú yào xiāngcài.

추천 중국요리

중국요리의 종류는 수만 가지에 달하기 때문에 한국인의 입맛에 맞는 요리를 찾기란 그리 쉬운 일이 아니다. 여러 사람의 입을 통해 검증된 요리로는 다음 몇 가지가 있다.

- **궁보계정 (宮保鸡丁 꿍빠오찌띵)**
  닭고기를 네모나게 썰고 고추, 땅콩, 파 등을 넣어 볶은 사천요리이다.

- **경장육사 (京酱肉丝 찡쨩러우쓰)**
  얇게 썬 돼지고기를 춘장에 볶은 후 느끼한 맛을 덜어주는 파와 함께 담백한 두부피에 싸서 먹는 요리이다. 돼지고기의 양념 맛이 자장면 맛과 비슷하여 한국인의 입맛에 잘 맞는다.

- **당초리척 (糖醋里脊 탕추리찌)**
  탕수육과 거의 비슷한 요리이다. 돼지고기 안심에 튀김옷을 입혀 튀긴 다음 달콤하고 새콤한 소스에 버무려 나온다.

- **어향육사 (鱼香肉丝 위샹러우쓰)**
  가늘게 썬 돼지고기에 죽순, 목이버섯, 파, 생강 등의 재료를 넣고 고추, 식초, 설탕, 소금, 간장 등으로 양념을 하여 센 불에 볶은 다음 전분을 풀어 걸쭉하게 만든 요리이다. 맛이 굉장히 강하고 자극적인 것이 특징이다.

- **발사홍서 (拔丝红薯 빠쓰홍수)**
  우리나라의 고구마 맛탕이라고 생각하면 된다.

- **화과 (火锅 후어구어)**
  샤브샤브 요리이다. 육수를 넣은 세숫대야처럼 생긴 냄비에 소고기, 양고기 등의 고기류, 고기완자, 당면, 각종 야채 등을 넣어 익혀 먹는다. 담백한 맛과 매운 맛의 육수가 반반씩 담긴 원앙화과를 사용하여 먹는 것이 좋다.

- **과교미선 (过桥米线 꾸어치야오미씨엔)**
  쌀국수의 일종으로 곤명을 대표하는 음식 중 하나이다.

- **수자어 (水煮鱼 수이주위)**
  생선이 잠길 정도의 기름에 고추와 산초를 넣어 만든 요리이다.

- **산랄탕 (酸辣汤 쑤안라탕)**
  식초의 신맛과 후추의 매운맛을 낸 탕이다.

□ 이것은 어떻게 먹습니까?

쩌거 차이 쩐머 츠
这个菜怎么吃？
Zhège cài zěnme chī?

□ 안에 무엇을 넣었습니까?

리미엔 팡 더 스 션머
里面放的是什么？
Lǐmian fàng de shì shénme?

□ 나누는 것 좀 도와주세요.

칭 빵망 펀 이 펀
请帮忙分一分。
Qǐng bāngmáng fēn yi fēn.

□ 밥 한 그릇 더 주세요.

짜이 라이 이 완 미판
再来一碗米饭。
Zài lái yì wǎn mǐfàn.

□ 좀 더 익혀주겠습니까?

짜이 러 이 러 하오 마
再热一热好吗？
Zài rè yi rè hǎo ma?

□ 접시를 바꿔 주세요.

환 이샤 판쯔

换一下盘子。

Huàn yíxià pánzi.

□ 젓가락 한 벌 주세요.

게이 워 이 수앙 콰이쯔

给我一双筷子。

Gěi wǒ yì shuāng kuàizi.

□ 냅킨 좀 주세요.

게이 워 찬찐즈

给我餐巾纸。

Gěi wǒ cānjīnzhǐ.

□ 빈 접시는 가져가세요.

바 쿵 판쯔 나쩌우

把空盘子拿走。

Bǎ kòng pánzi názǒu.

□ 디저트는 무엇이 있습니까?

여우 션머 티엔스

有什么甜食？

Yǒu shénme tiánshí?

□ 계산하겠습니다.

워 라이 마이딴

我来买单。
Wǒ lái mǎidān.

□ 모두 얼마입니까?

쫑꿍 뚜어사오 치엔

总共多少钱？
Zǒnggòng duōshao qián?

□ 카운터에 가셔서 계산하세요.

칭 따오 꾸이타이 푸짱

请到柜台付帐。
Qǐng dào guìtái fùzhàng.

□ 오늘은 내가 살게요.

찐티엔 워 칭커

今天我请客。
Jīntiān wǒ qǐngkè.

□ 우리는 각자 계산할 겁니다.

워먼 야오 꺼푸 꺼더

我们各付各的。
Wǒmen gè fù gè de.

□ 나눠서 계산해 주세요.

펀카이 쑤안짱
分开算帐。
Fēnkāi suànzhàng.

□ 계산서를 보여 주세요.

랑 워 칸 이샤 찌에쌍딴
让我看一下结帐单。
Ràng wǒ kàn yíxià jiézhàngdān.

□ 봉사료가 추가됩니까?

찌아 푸우페이 마
加服务费吗？
Jiā fúwùfèi ma?

□ 영수증을 끊어 주세요.

게이 워 파피아오
给我发票。
Gěi wǒ fāpiào.

□ 이런 신용카드를 사용할 수 있습니까?

쩌 쭝 씬융카 넝 융 마
这种信用卡能用吗？
Zhè zhǒng xìnyòngkǎ néng yòng ma?

□ 5번 세트 하나 주세요.

게이 워 이 거 우 하오 타오찬
给我一个五号套餐。
Gěi wǒ yí ge wǔ hào tàocān.

□ 햄버거 하나와 콜라 한 잔 주세요.

게이 워 이 거 한빠오빠오 허 이 뻬이 커러
给我一个汉堡包和一杯可乐。
Gěi wǒ yí ge hànbǎobāo hé yì bēi kělè.

□ 프라이드 치킨 두 조각 주세요.

워 야오 량 콰이 짜찌
我要两块炸鸡。
Wǒ yào liǎng kuài zhájī.

□ 가져가실 겁니까, 아니면 여기에서 드실 겁니까?

따이쩌우 하이스 짜이 쩔 츠
带走还是在这儿吃？
Dàizǒu háishi zài zhèr chī?

□ 여기에서 먹을 겁니다.

짜이 쩔 츠
在这儿吃。
Zài zhèr chī.

□ 가져갈 겁니다.

워 야오 따이쩌우

我要带走。
Wǒ yào dàizǒu.

□ 토마토케첩 주세요.

게이 워 판치에찌앙

给我番茄酱。
Gěi wǒ fānqiéjiàng.

□ 이걸 반으로 잘라 주세요.

바 쩌거 치에카이 이빤

把这个切开一半。
Bǎ zhège qiēkāi yíbàn.

□ 빨대는 어디에 있습니까?

씨꾸안 짜이 날

吸管在哪儿?
Xīguǎn zài nǎr?

□ 냅킨 좀 많이 주세요.

뚜어 게이 워 찬찐쯔

多给我餐巾纸。
Duō gěi wǒ cānjīnzhǐ.

□ 여기에는 무슨 음료가 있습니까?

쩔 여우 션머 인리아오

这儿有什么饮料？

Zhèr yǒu shénme yǐnliào?

□ 커피, 과일주스와 몇 가지 중국차가 있습니다.

여우 카페이 구어즈 허 지 쫑 쭝구어차

有咖啡、果汁和几种中国茶。

Yǒu kāfēi、guǒzhī hé jǐ zhǒng Zhōngguóchá.

□ 아이스커피로 주세요.

워 야오 삥카페이

我要冰咖啡。

Wǒ yào bīng kāfēi.

□ 설탕과 크림 주세요.

게이 워 탕 허 나이여우

给我糖和奶油。

Gěi wǒ táng hé nǎiyóu.

□ 간단하게 한 잔 하고 싶습니다.

워 샹 찌엔딴 더 허 이 뻬이

我想简单地喝一杯。

Wǒ xǐng jiǎndān de hē yì bēi.

☐ 연경맥주 두 병 주세요.

야오 량 핑 옌찡피지우
要两瓶燕京啤酒。
Yào liǎng píng Yànjīng píjiǔ.

☐ 여기 모태주 있습니까?

쩔 여우 마오타이찌우 마
这儿有茅台酒吗？
Zhèr yǒu Máotáijiǔ ma?

☐ 얼음 넣은 위스키 주세요.

워 야오 찌아 삥콰이 더 웨이스찌
我要加冰块的威士忌。
Wǒ yào jiā bīngkuài de wēishìjì.

☐ 안주에는 무엇이 있습니까?

여우 션머 샤지우차이
有什么下酒菜？
Yǒu shénme xiàjiǔcài?

☐ 과일샐러드 주세요.

게이 워 수이구어 사라
给我水果沙拉。
Gěi wǒ shuǐguǒ shālā.

잠깐 !

자전거 천국이라는 중국도 이제 그 명성이 많이 퇴색했습니다. 경제성장과 소득수준의 향상으로 중국도 마이카시대가 도래한 것입니다. 주요 대도시는 넘쳐나는 자동차를 감당하기 어려워 하루가 다르게 도로를 건설하고 있으며 심지어 도시로 진입하는 외부차량에 대해 별도의 요금을 부과하기도 합니다. 자동차, 오토바이, 스쿠터 등이 많이 보급되었다고는 해도 평지가 많은 중국의 지형적 특성상 아직까지는 자전거가 서민들의 발 역할을 톡톡히 하고 있습니다. 북경에는 옛 모습을 그대로 간직한 호동(胡同)이 관광지로 인기를 끌고 있습니다. 호동은 우리의 좁은 골목에 해당하는데 그것을 제대로 보려면 세 발 달린 자전거인 인력거를 타야 합니다. 이번 장에 나오는 표현들을 익힘으로써 우리는 중국을 돌아다닐 때 어떤 교통수단을 이용하더라도 불편함이 느끼지 않게 될 것입니다.

교통

1. 택시를 탈 때

2 지하철을 탈 때

3. 버스를 탈 때

4. 장거리 버스를 탈 때

5. 기차를 탈 때

6. 국내선 항공편을 이용할 때

7. 배를 탈 때

8. 자동차 · 자전거를 빌릴 때

□ 택시는 어디에서 탈 수 있습니까?

짜이 날 커이 청쭈어 추쭈처
在哪儿可以乘坐出租车?
Zài nǎr kěyǐ chéngzuò chūzūchē?

□ 트렁크 좀 열어주세요.

칭 바 허우뻬이샹 따카이
请把后备箱打开。
Qǐng bǎ hòubèixiāng dǎkāi.

□ (주소를 보여주며) 여기로 가주세요.

취 저거 띠팡
去这个地方。
Qù zhège dìfang.

□ 미터기를 사용해 주세요.

칭 융 찌청치
请用计程器。
Qǐng yòng jìchéngqì.

□ 가장 빠른 길로 가주세요.

쩌우 쭈이찐 더 루
走最近的路。
Zǒu zuìjìn de lù.

□ 급한 일이 있어서 그러니 좀 빨리 가주세요.

콰이 띠얼 워 여우 지스

快点儿，我有急事。

Kuài diǎnr, wǒ yǒu jíshì.

□ 좀 천천히 가주시겠어요?

넝 카이더 짜이 만 이띠얼마

能开得再慢一点儿吗？

Néng kāide zài màn yìdiǎnr ma?

□ 곧장 앞으로 가주세요.

칭 이즈 왕 치엔 카이

请一直往前开。

Qǐng yìzhí wǎng qián kāi.

□ 우회전해주세요.

칭 왕 여우 꾸아이

请往右拐。

Qǐng wǎng yòu guǎi.

□ 저기에서 좌회전하세요.

칭 짜이 날 쭈어 꾸아이

请在那儿左拐。

Qǐng zài nàr zuǒ guǎi.

□ 여기에서 잠깐 기다려주세요.

칭 짜이 쩔 떵 워 이샤
请在这儿等我一下。
Qǐng zài zhèr děng wǒ yíxià.

□ 곧 돌아올게요.

워 마상 찌우 후이라이
我马上就回来。
Wǒ mǎshàng jiù huílai.

□ 길을 지나쳤어요.

카이 꾸어터우 러
开过头了。
Kāi guòtóu le.

□ 여기에서 세워주세요.

지우 팅 쩔
就停这儿。
Jiù tíng zhèr.

□ 다음 신호등에서 세워주세요.

칭 짜이 샤 이 거 홍뤼떵 팅샤
请在下一个红绿灯停下。
Qǐng zài xià yí ge hónglǜdēng tíngxià.

□ 저 호텔 앞에서 세워주세요.

짜이 나 찌아 판띠엔 치엔미엔 팅 이샤
在那家饭店前面停一下。
Zài nà jiā fàndiàn qiánmiàn tíng yíxià.

□ 다 왔습니다.

따오 러
到了。
Dào le.

□ 얼마에요?

뚜어사오 치엔
多少钱？
Duōshao qián?

□ 어째서 요금이 미터기의 숫자와 다른 거죠?

쩐머 치엔수 허 찌청치 상 더 수 뿌 이양 너
怎么钱数和计程器上的数不一样呢？
Zěnme qiánshǔ hé jìchéngqì shang de shǔ bù yíyàng ne?

□ 영수증을 끊어주세요.

칭 게이 워 파피아오
请给我发票。
Qǐng gěi wǒ fāpiào.

□ (목적지를 가리키며) 지하철로 여기에 갈 수 있습니까?

쭈어 띠티에 넝 취 쩔 마
坐地铁能去这儿吗?
Zuò dìtiě néng qù zhèr ma?

□ 가장 가까운 지하철역이 어디에 있습니까?

쭈이찐 더 띠티에잔 짜이 날
最近的地铁站在哪儿?
Zuìjìn de dìtiězhàn zài nǎr?

□ 지하철표는 어디에서 삽니까?

짜이 날 마이 띠티에피아오
在哪儿买地铁票?
Zài nǎr mǎi dìtiěpiào?

□ 서단역까지 얼마입니까?

따오 씨딴잔 뚜어사오 치엔
到西单站多少钱?
Dào Xīdānzhàn duōshao qián?

□ 두 장 주세요.

워 마이 량 짱
我买两张。
Wǒ mǎi liǎng zhāng.

□ (역명을 가리키며) 여기에 가려면 갈아타야 합니까?

따오 쩔 야오 환처 마
到这儿要换车吗？
Dào zhèr yào huànchē ma?

□ (역명을 가리키며) 이 지하철이 이곳에 가나요?

쩌 탕 띠티에 취 쩔 마
这趟地铁去这儿吗？
Zhè tàng dìtiě qù zhèr ma?

□ 차를 잘못 타셨습니다.

니 쭈어추어 처 러
你坐错车了。
Nǐ zuòcuò chē le.

□ 다음 역은 어디입니까?

샤 잔 스 날
下站是哪儿？
Xià zhàn shì nǎr?

□ 박물관으로 나가는 출구는 어디에 있나요?

왕 보우꾸안 더 추커우 짜이 날
往博物馆的出口在哪儿？
Wǎng bówùguǎn de chūkǒu zài nǎr?

□ 버스는 어디에서 탑니까?

꿍꿍치처 짜이 날 쭈어

公共汽车在哪儿坐？
Gōnggòngqìchē zài nǎr zuò?

□ 실례지만 버스정류장이 어디에 있습니까?

칭원 꿍꿍치처잔 짜이 날

请问，公共汽车站在哪儿？
Qǐngwèn, gōnggòngqìchēzhàn zài nǎr?

□ 이화원에 가려면 몇 번 버스를 타야 합니까?

따오 이허위엔 야오 쭈어 지 루 처

到颐和园要坐几路车？
Dào Yíhéyuán yào zuò jǐ lù chē?

□ 863번 버스를 타세요.

쭈어 빠 리우 싼 루 처 바

坐八六三路车吧。
Zuò bā liù sān lù chē ba.

□ 이 버스는 천단공원에 갑니까?

쩌 탕 처 취 티엔탄 꿍위엔 마

这趟车去天坛公园吗？
Zhè tàng chē qù Tiāntán gōngyuán ma?

□ 갈아타야 합니까?

야오 환처 마
要换车吗？
Yào huànchē ma?

□ 왕부정에 가려면 어디에서 갈아타야 합니까?

취 왕푸징 야오 짜이 날 환처
去王府井要在哪儿换车？
Qù Wángfǔjǐng yào zài nǎr huànchē?

□ 몇 분마다 차가 옵니까?

지 펀중 라이 이 탕
几分钟来一趟？
Jǐ fēnzhōng lái yí tàng?

□ 돈은 이 안에 넣는 겁니까?

치엔 스 팡 쩌 리미엔 마
钱是放这里面吗？
Qián shì fàng zhè lǐmian ma?

□ 매표원, 표를 사겠습니다.

서우피아오위엔 마이 피아오
售票员，买票。
Shòupiáoyuán, mǎi piào.

□ (역명을 가리키며) 이곳까지는 얼마입니까?

따오 쩌 잔 뚜어사오 치엔
到这站多少钱？
Dào zhè zhàn duōshao qián?

□ 도착하려면 아직 멀었습니까?

리 따오 잔 하이 위엔 마
离到站还远吗？
Lí dào zhàn hái yuǎn ma?

□ 몇 정거장 남았습니까?

하이 여우 지 잔
还有几站？
Hái yǒu jǐ zhàn?

□ 여기서부터 세 정거장입니다.

총 쩔 카이스 쭈어 싼 잔
从这儿开始坐三站。
Cóng zhèr kāishǐ zuò sān zhàn.

□ 우리가 지금 지나가는 곳은 어디입니까?

워먼 씨엔짜이 찡꾸어 더 쩌 스 날 아
我们现在经过的这是哪儿呀？
Wǒmen xiànzài jīngguò de zhè shì nǎr a?

□ 다음 역은 무슨 역입니까?

샤 이 잔 스 션머 잔
下一站是什么站？
Xià yí zhàn shì shénme zhàn?

□ 도착하면 좀 알려주세요.

따오 러 잔 칭 찌아오 워 이 성
到了站，请叫我一声。
Dào le zhàn, qǐng jiào wǒ yì shēng.

□ 내릴 역을 지나쳤습니다.

워 쭈어 꾸어 잔 러
我坐过站了。
Wǒ zuò guò zhàn le.

□ 여기에서 내리겠습니다.

워 짜이 쩔 샤처
我在这儿下车。
Wǒ zài zhèr xiàchē.

□ 비켜주세요. 내릴 겁니다.

랑랑 루 워 샤처
让让路，我下车。
Ràngrang rù, wǒ xiàchē.

□ 장거리 버스 터미널은 어디에 있습니까?

창투 치처 쫑잔 짜이 날

长途汽车总站在哪儿？

Chángtú qìchē zǒngzhàn zài nǎr?

□ 황산까지는 얼마입니까?

취 황산 뚜어사오 치엔

去黄山多少钱？

Qù Huángshān duōshao qián?

□ 다음 차는 언제 출발합니까?

샤 탕 처 션머 스허우 파처

下趟车什么时候发车？

Xià tàng chē shénme shíhou fāchē?

□ 내일 오전의 차표를 예매할 수 있습니까?

밍짜오 더 처피아오 커이 위띵 마

明早的车票可以预订吗？

Míngzǎo de chēpiào kěyǐ yùdìng ma?

□ 항주로 가는 표 두 장 주세요.

마이 량 짱 따오 항저우 더 피아오

买两张到杭州的票。

Mǎi liǎng zhāng dào Hángzhōu de piào.

□ 몇 시간을 타야 합니까?

야오 쭈어 지 거 씨아오스
要坐几个小时？
Yào zuò jǐ ge xiǎoshí?

□ 짐은 어디에 두어야 합니까?

씽리 잉까이 팡 짜이 날
行李应该放在哪儿？
Xíngli yīnggāi fàng zài nǎr?

□ 짐이 너무 큽니다. 추가요금을 내세요.

씽리 타이 따 러 야오 찌아페이
行李太大了，要加费。
Xíngli tài dà le, yào jiāfèi.

□ 이 자리에 사람 있습니까?

쩌 쭈어웨이 여우 런 마
这座位有人吗？
Zhè zuòwèi yǒu rén ma?

□ 제 짐을 꺼내주세요.

칭 바 워 더 씽리 나추라이
请把我的行李拿出来。
Qǐng bǎ wǒ de xíngli náchūlai.

중국 버스의 가장 큰 특징은 아직도 버스 차장이 있다는 것이다. 예전 우리나라에서도 버스 차장이 있어 직접 버스요금을 냈는데 중국 버스가 지금도 그렇다. 물론 버스 차장이 없는 버스가 점점 늘어나고 있으며 버스카드(교통카드)도 쓰이고 있다. 버스 차장에 대한 추억이 있는 분이라면 중국의 버스를 꼭 한번 타볼 것을 권한다. 추억이 새로울 것이다. 가까운 시일 내에 없어지지 않을 듯하니 급히 서두를 필요는 없다.

중국의 버스는 운행거리에 따라 크게 시내버스와 장거리버스가 있다. 시내버스는 말 그대로 한 도시 내에서 짧은 거리를 운행한다. 장거리버스는 도시와 도시를 오가는 교통수단으로 주로 기차가 자주 다니지 않는 지역을 연결한다. 우리나라의 시외버스와 비슷하며 상대적으로 같은 거리를 갈 때 기차보다 요금이 저렴하다. 장거리버스 중에는 먼 거리를 며칠에 걸려 오가는 것도 있다. 이런 버스는 좌석이 침대칸으로 되어 있으며 보통 운전사 두 명이 교대로 운전한다. 외국여행객, 특히 여성은 침대칸이 있는 장거리버스를 타지 않는 것이 보통이다. 그런 버스를 타고 가다가 강도나 성폭행 등과 같은 피해를 보았다는 사례가 많이 보고 되었기 때문이다.

번호 앞에 '游'가 있는 버스도 있는데 이것은 일종의 관광버스이다. 만리장성, 용경협, 명십삼릉 등의 관광지는 북경 시내에서 한두 시간을 더 가야 한다. 외국관광객은 물론 중국인도 많이 찾는 곳이기 때문에 이러한 정기노선버스가 생긴 것이다. 시간만 잘 맞추면 경제적으로 주요 관광지를 둘러볼 수 있다.

중국에는 우리가 흔히 볼 수 없는 버스가 몇 가지 있다.

① 트롤리버스

기차와는 달리 레일(궤도)이 없어 '무궤도전차'라고도 한다. 동력원은 전기이며 공중에 가설된 전선을 따라 운행한다. 일반버스와 달리 전선이 없는 곳을 갈 수 없어 운행에 많은 제약이 따르며 다른 교통수단을 방해하는 단점이 있어 점점 사라지고 있다.

② 이층버스

관광용으로 사용하는 우리나라의 서울시티투어버스와 같다. 두 개의 층으로 이루어져 있다. 계단을 올라 이층의 자리에 앉으면 구름 위에 붕뜬 기분을 만끽할 수 있고 지나가는 자동차와 사람들을 내려다보면 권좌에 앉은 임금 같은 우쭐함도 느낄 수 있다.

③ 굴절버스

객차 두 개를 이어 붙여 회전할 때 앞차와 뒤차가 굴절되는 버스이다. 굴절버스는 한꺼번에 대량의 승객을 태울 수 있다는 장점이 있다. 하지만 차체가 길어 운전이 용이하지 않고 고장이 잦아 수리비가 많이 든다는 점 때문에 우리나라에서도 몇 년 동안 모습을 보이다가 자취를 감춰버렸다.

④ 미니버스

유치원, 학원 등에서 원생들을 태우는 버스를 떠올리면 된다. 작은 버스지만 버스차장도 있다. 운송업체가 아닌 개인이 운행하는 경우가 많으며 보통은 일정한 버스정류장이 없다. 손을 들면 지나가는 사람을 태워주며 간혹 손님이 몇 명 이상 탈 때까지 무작정 기다리는 경우도 있다.

□ 기차역은 어떻게 갑니까?

후어처잔 쩐머 쩌우

火车站怎么走?
Huǒchēzhàn zěnme zǒu?

□ 열차시각표는 어디에서 팝니까?

날 마이 리에처 스커비아오

哪儿卖列车时刻表?
Nǎr mài lièchē shíkèbiǎo?

□ 기차표를 예매하고 싶습니다.

워 샹 위띵 후어처피아오

我想预订火车票。
Wǒ xiǎng yùdìng huǒchēpiào.

□ 남경 가는 연좌표(푹신한 좌석표) 한 장 주세요. 오늘 걸로요.

마이 이 짱 취 난징 더 루안쭈어 찐티엔 더

买一张去南京的软座。今天的。
Mǎi yì zhāng qù Nánjīng de ruǎnzuò. Jīntiān de.

□ 광주까지 얼마나 걸립니까?

따오 꾸앙저우 쉬야오 뚜어창 스찌엔

到广州需要多长时间?
Dào Guāngzhōu xūyào duōcháng shíjiān?

□ 좀 더 이른 열차는 없습니까?

여우 메이여우 짜오 이띠얼 더 처츠
有没有早一点儿的车次？
Yǒu méiyǒu zǎo yìdiǎnr de chēcì?

□ 오늘 표는 모두 팔렸습니다.

찐티엔 더 피아오 떠우 마이완 러
今天的票都卖完了。
Jīntiān de piào dōu màiwán le.

□ 서안 가는 경와표(딱딱한 침대칸) 세 장 주세요.

라이 싼 짱 취 씨안 더 잉워피아오
来三张去西安的硬卧票。
Lái sān zhāng qù Xī'ān de yìngwòpiào.

□ 침대 상단을 드릴까요, 아니면 하단을 드릴까요?

니 야오 상푸 하이스 야오 샤푸
你要上铺还是要下铺？
Nǐ yào shàngpù háishi yào xiàpù?

□ 표를 환불하고 싶습니다.

워 샹 투이피아오
我想退票。
Wǒ xiǎng tuìpiào.

☐ 개찰구는 어디에 있습니까?

지엔피아오커우 짜이 날
检票口在哪儿?
Jiǎnpiàokǒu zài nǎr?

☐ 이 열차는 몇 번 플랫폼입니까?

쩌 탕 리에처 짜이 지 하오 위에타이
这趟列车在几号月台?
Zhè tàng lièchē zài jǐ hào yuètái?

☐ 5번 플랫폼이 어디에 있습니까?

우 하오 위에타이 짜이 날
五号月台在哪儿?
Wǔ hào yuètái zài nǎr?

☐ 출발시간은 얼마나 늦어집니까?

완 파처 뚜어창 스찌엔
晚发车多长时间?
Wǎn fāchē duōcháng shíjiān?

☐ 다음 차편으로 교환해주세요.

칭 게이 워 까이 샤 탕 처
请给我改下趟车。
Qǐng gěi wǒ gǎi xià tàng chē.

□ 자리를 좀 바꿔주시겠어요?

넝 뿌 넝 환 이샤 쭈어웨이

能不能换一下座位？
Néng bu néng huàn yíxià zuòwèi?

□ 식당차는 어디에 있습니까?

찬처 짜이 날

餐车在哪儿？
Cānchē zài nǎr?

□ 침대칸표는 어디에 가서 추가 구입해야 합니까?

워푸피아오 따오 날 취 부

卧铺票到哪儿去补？
Wòpùpiào dào nǎr qù bǔ?

□ 이 역 이름은 무엇입니까?

쩌 잔 찌아오 션머

这站叫什么？
Zhè zhàn jiào shénme?

□ 열차에 가방을 두고 내렸습니다.

워 바 빠오 왕 짜이 리에처 상 러

我把包忘在列车上了。
Wǒ bǎ bāo wàng zài lièchē shang le.

중국은 땅이 넓어 대부분의 여행객이 요금이 저렴하고 중국의 거의 모든 지역을 다니는 기차를 이용한다. 기차표를 살 때는 수수료를 물더라도 여행사에서 살 것을 권한다. 기차역의 매표소는 한참 줄을 서야 하고 새치기하는 사람들이 많기 때문이다. 기차표를 살 때는 목적지와 시간 외에도 열차와 좌석의 종류를 알고 있어야 한다.

기차표는 승차한 뒤 열차에서 추가적인 구매가 가능하다. 예를 들어 좌석표를 침대칸으로 바꿀 수 있다. 이것을 '보표(补票, 부피아오)'라고 하며 추가요금을 더 내면 된다. 원래 목적지보다 더 가고 싶을 때도 보표를 할 수 있다.

우리나라에서 열차가 고속철도(KTX), 새마을호, 무궁화호 등으로 나뉘는 것처럼 중국에서도 속도, 운행거리, 운행지역 등에 따라 다음의 다섯 가지로 나뉜다.

1. **Z열차** : '직달특쾌(直达特快)'라고 하며 열차번호가 Z로 시작한다. 북경을 중심으로 각 성의 성도나 대도시에 직통으로 가는 열차이다. 요금이 비싼 만큼 별도의 대합실이 있다.

2. **T열차** : '특쾌(特快)'라고 하며 열차번호가 T로 시작한다. Z열차 다음으로 고급열차이다.

3. **K열차** : '쾌속(快速)'라고 불리며 열차번호가 K로 시작한다. T열차보다 느리고 정차하는 역이 많다.

4. **N열차** : 열차번호가 N으로 시작한다. K열차와 큰 차이는 없으나 운행구간이 한 개 철도국 내에 한정되어 운행되는 열차이다.

5. **보쾌(普快)열차** : 가장 느린 열차이다. 열차번호는 숫자(1001~
8993)로만 이루어져 있다.

   좌석은 크게 다음 네 가지로 나뉘며 우리나라의 입석에 해당하는
'무좌(无座, 우쭈어)'도 있다.

1. 경좌(硬座)

   '딱딱한 좌석'이라는 뜻으로 '잉쭈어'라고 발음한다. 서민들이 애용
하는 가장 저렴한 좌석이다. 의자가 딱딱해 장거리 여행에는 적합하
지 않다. 금연석이 따로 없어 담배연기가 자욱하며 밤에도 카드놀이
를 하거나 술을 마시며 떠드는 사람이 많아 항상 시끄럽다.

2. 연좌(软座)

   '부드럽고 푹신한 좌석'이라는 뜻으로 '루안쭈어'라고 발음한다. 낮
시간에 단거리를 여행한다면 추천 할만하다. 푹신한 좌석에 앉아 대
화도 하고 창 밖의 풍경도 여유있게 감상할 수 있다.

3. 경와(硬卧)

   '딱딱한 침대'라는 뜻으로 '잉워'라고 발음한다. 침대는 상, 중, 하로
나뉘며 각각 상포(上铺,샹푸), 중포(中铺, 쭝푸), 하포(下铺, 샤푸)라
고 한다. 표를 살 때 침대의 위치도 매표원에게 알려주어야 한다. 맨
아래칸이 사다리를 타고 올라가지 않아도 되므로 요금이 가장 비싸다.
침대 매트리스가 약간 딱딱하긴 하지만 잠을 자는데 큰 지장은 없다.

4. 연와(软卧)

   '부드럽고 푹신한 침대'라는 뜻으로 '루안워'라고 발음한다. 침대는
상, 하 2단으로만 나뉜다. 마주하고 보는 침대 두 개가 4인실 한 칸으
로 구성되어 있다. 문이 있어 도난으로부터 안전하다는 장점이 있으
나 요금이 비싼 것이 흠이다.

□ 비행기표 예약은 어디에서 할 수 있습니까?

날 커이 위띵 페이찌피아오
哪儿可以预订飞机票？
Nǎr kěyǐ yùdìng fēijīpiào?

□ 청도 가는 비행기표 두 장 예약해주세요.

칭 띵 량 짱 취 칭따오 더 찌피아오
请订两张去青岛的机票。
Qǐng dìng liǎng zhāng qù Qǐngdǎo de jīpiào.

□ 상해에서 계림으로 가는 비행기표 한 장 예약하겠습니다.

워 야오 띵 이 짱 총 샹하이 따오 꾸이린 더 페이찌피아오
我要订一张从上海到桂林的飞机票。
Wǒ yào dìng yì zhāng cóng Shànghǎi dào Guìlín de fēijīpiào.

□ 이 항공편에는 빈 좌석이 없습니다.

쩌 탕 항빤 메이여우 쿵웨이 러
这趟航班没有空位了。
Zhè tàng hángbān méiyǒu kòngwèi le.

□ 대기자명단에 올려주세요.

칭 바 워 떵상 떵허우저 밍딴
请把我登上等候者名单。
Qǐng bǎ wǒ dēngshang děnghòuzhě míngdān.

□ 일반석표 두 장 주세요.

게이 워 량 짱 찡찌창 더 피아오
给我两张经济舱的票。
Gěi wǒ liǎng zhāng jīngjìcāng de piào.

□ 예약을 취소하고 싶습니다.

워 샹 취씨아오 위띵 더 피아오
我想取消预订的票。
Wǒ xiǎng qǔxiāo yùdìng de piào.

□ 예약을 변경하고 싶습니다.

워 샹 까이삐엔 위엔띵 더 항빤
我想改变原订的航班。
Wǒ xiǎng gǎibiàn yuándìng de hángbān.

□ 좌석예약을 확인해주세요.

칭 게이 워 취에런 쭈어웨이
请给我确认座位。
Qǐng gěi wǒ quèrèn zuòwèi.

□ 성함과 편명을 말씀해주십시오.

칭 까오쑤 워 닌 더 씽밍 허 항빤 하오마
请告诉我您的姓名和航班号码。
Qǐng gàosu wǒ nín de xìngmíng hé hánbān hàomǎ.

☐ 저는 이영철이고, 항공편은 곤명행 CA832편입니다.

워 찌아오 리잉저 페이왕 쿤밍 더 씨에이 빠 싼 얼 빤찌

我叫李英哲，飞往昆明的CA832班机。

Wǒ jiào Lǐ Yīngzhé, fēiwǎng Kùnmíng de CA bā sān èr bānjī.

☐ 예약기록이 없습니다.

메이여우 닌 더 띵쭈어 찌루

没有您的订座记录。

Méiyǒu nín de dìngzuò jìlù.

☐ 다시 좌석을 예약해주세요.

칭 총씬 게이 워 띵쭈어

请重新给我订座。

Qǐng chóngxīn gěi wǒ dìngzuò.

☐ 예약을 확인하였습니다.

닌 더 쭈어웨이 띵하오 러

您的座位订好了。

Nín de zuòwèi dìnghǎo le.

☐ 민항탑승수속은 어디에서 합니까?

민항 더 떵찌추 짜이 날

民航的登机处在哪儿？

Mínháng de dēngjīchù zài nǎr?

□ 탑승수속은 몇 시부터 합니까?

지 띠엔 카이스 빤리 떵찌 서우쉬
几点开始办理登机手续？
Jǐ diǎn kāishǐ bànlǐ dēngjī shǒuxù?

□ 여기 제 여권과 비행기표입니다.

쩌 스 워 더 후짜오 허 찌피아오
这是我的护照和机票。
Zhè shì wǒ de hùzhào hé jīpiào.

□ 함께 앉을 수 있는 자리로 주세요.

칭 게이 워먼 아이저 더 쭈어웨이
请给我们挨着的座位。
Qǐng gěi wǒmen āizhe de zuòwèi.

□ 짐 두 개를 부치겠습니다.

워 야오 투어윈 량 찌엔 씽리
我要托运两件行李。
Wǒ yào tuōyùn liǎng jiàn xíngli.

□ 짐이 무게를 초과하였습니다. 중량초과요금을 내주십시오.

닌 더 씽리 차오쭝 러 칭 푸 씽리 차오쭝페이
您的行李超重了，请付行李超重费。
Nín de xíngli chāozhòng le, qǐng fù xíngli chāozhòngfèi.

□ 대련 가는 배표는 어디에서 삽니까?

취 따리엔 더 추안피아오 짜이 날 마이
去大连的船票在哪儿买？
Qù Dàlián de chuánpiào zài nǎr mǎi?

□ 리강 유람선 매표소는 어디에 있습니까?

리쟝 더 여우추안 서우피아오추 짜이 날
漓江的游船售票处在哪儿？
Líjiāng de yóuchuán shòupiàochù zài nǎr?

□ 나는 연대에 가는 배표를 사고 싶습니다.

워 샹 마이 취 옌타이 더 추안피아오
我想买去烟台的船票。
Wǒ xiǎng mǎi qù Yāntái de chuánpiào.

□ 이 배는 중간에 정박합니까?

저 티아오 추안 쭝투 팅 뿌 팅
这条船中途停不停？
Zhè tiáo chuán zhōngtú tíng bu tíng?

□ 정박했을 때 배에서 내려 관광할 수 있습니까?

팅추안 스 넝 뿌 넝 샤추안 꾸안꾸앙
停船时能不能下船观光？
Tíngchuán shí néng bu néng xiàchuán guānguāng?

☐ 일등실 요금은 얼마입니까?

터우떵창 더 추안피아오찌아 스 뚜어사오 치엔?

头等舱的船票价是多少钱？

Tóuděngcāng de chuánpiàojià shì duōshao qián?

☐ 이등실 세 장 주세요.

마이 싼 짱 얼떵창 더 추안피아오

买三张二等舱的船票。

Mǎi sān zhāng èrděngcāng de chuánpiào.

☐ 어디에서 탑니까?

짜이 날 상추안

在哪儿上船？

Zài nǎr shàngchuán?

☐ 언제 출항합니까?

션머 스허우 치마오

什么时候起锚？

Shénme shíhou qǐmáo?

☐ 뱃멀미가 나는데 약 있습니까?

워 윈추안 러 여우 메이여우 야오

我晕船了，有没有药？

Wǒ yùnchuán le, yǒu méiyǒu yào?

□ 자동차는 어디에서 빌릴 수 있습니까?

짜이 날 커이 쭈처

在哪儿可以租车?
Zài nǎr kěyǐ zūchē?

□ 자전거는 어디에서 빌릴 수 있습니까?

짜이 날 커이 쭈 쯔씽처

在哪儿可以租自行车?
Zài nǎr kěyǐ zū zìxíngchē?

□ 하루 빌리는데 얼마입니까?

쭈 이 티엔 뚜어사오 치엔

租一天多少钱?
Zū yì tiān duōshao qián?

□ 한 시간 빌리는데 얼마입니까?

쭈 이 거 씨아오스 뚜어사오 치엔

租一个小时多少钱?
Zū yí ge xiǎoshí duōshao qián?

□ 얼마 동안 사용하실 겁니까?

닌 따쑤안 융 뚜어창 스찌엔

您打算用多长时间?
Nín dǎsuan yòng duōcháng shíjiān?

☐ 5일 사용할 겁니다.

워 야오 융 우 티엔
我要用五天。
Wǒ yào yòng wǔ tiān.

☐ 보증금을 내셔야 합니다.

닌 야오 찌아오 야찐
您要交押金。
Nín yào jiāo yājīn.

☐ 휘발유 비용은 별도 계산입니다

치여우페이 링와이 쑤안
汽油费另外算。
Qìyóufèi lìngwài suàn.

☐ (자전거 타이어에) 공기를 좀 넣어주세요.

칭 따 띠얼 치
请打点儿气。
Qǐng dǎ diǎnr qì.

☐ 언제 반환하면 됩니까?

션머 스허우 환게이 니먼
什么时候还给你们？
Shénme shíhou huángěi nǐmen?

중국의 관광지를 처음 둘러보는 분들이 맨 먼저 하는 말은 거의 한결같습니다. '아이고, 다리야.'라는 말입니다. 북경에 있는 만리장성, 고궁박물원(자금성), 이화원, 천단공원 등만 보더라고 구경하는데 거의 하루가 걸릴 뿐 아니라 규모가 커 한참을 걸어야 합니다. 구석구석을 꼼꼼히 보려면 정말 부지런해야 하고 체력도 받쳐주어야 합니다. 그렇지 않으면 처음에 좀 돌아다니다가 남은 일정을 소화해내지 못하는 불상사가 생길 수도 있습니다. 이런 점을 감안하여 단기간에 너무 많은 관광지를 둘러보려는 욕심은 삼가는 것이 좋습니다. 중국은 워낙 땅이 넓어서 한꺼번에 다 보려는 욕심 자체가 무모한 것이니 만큼 충분한 시간적 여유를 갖고 스케줄을 조정하셔야 합니다. 되도록 주말에 잠깐 다녀오는 것보다는 5박 6일 등과 같이 기간을 길게 잡는 것이 좋습니다. 하루에 둘러볼 관광지도 동선을 고려하여 가까운 거리에 있는 것들끼리 묶어서 구경하고 거리가 멀리 떨어진 관광지를 보려고 차에서 시간낭비하지 않도록 해야 합니다.

관광

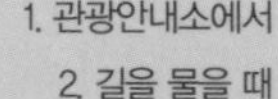

1. 관광안내소에서

2. 길을 물을 때

3. 관광지를 구경할 때

4. 사진을 찍을 때

5. 박물관 · 미술관을 관람할 때

6. 영화 · 공연을 볼 때

7. 노래를 부르거나 춤을 출 때

8. 골프를 칠 때

□ 근처에 추천할 만한 관광지가 있습니까?

푸찐 여우 즈더 투이찌엔 더 찡띠엔 마

附近有值得推荐的景点吗？

Fùjìn yǒu zhíde tuījiàn de jǐngdiǎn ma?

□ 하루 동안 둘러볼 관광지를 추천해 주세요.

투이찌엔 이샤 이르여우 더 찡띠엔

推荐一下一日游的景点。

Tuījiàn yíxià yírìyóu de jǐngdiǎn.

□ 여기 볼 만한 게 뭐가 있습니까?

쩔 여우 션머 커칸 더

这儿有什么可看的？

Zhèr yǒu shénme kěkàn de?

□ 이 지역은 어디가 제일 놀기 좋습니까?

쩌거 띠팡 날 쭈이하오 왈

这个地方哪儿最好玩儿？

Zhège dìfang nǎr zuìhǎo wánr?

□ 어느 곳의 야경이 가장 아름답습니까?

션머 띠팡 더 예찡 쭈이메이

什么地方的夜景最美？

Shénme dìfang de yèjǐng zuìměi?

□ 어떤 여행루트가 인기가 많습니까?

나씨에 뤼여우 루씨엔 찌아오 서우 환잉

哪些旅游路线较受欢迎？

Nǎxiē lǚyóu lùxiàn jiào shòu huānyíng?

□ 여행안내책자를 좀 보여 주세요.

랑 워 칸칸 뤼여우 쯔리아오

让我看看旅游资料。

Ràng wǒ kànkan lǚyóu zīliào.

□ 소주로 가는 단체여행이 있습니까?

여우 취 쑤저우 더 뤼씽투안 마

有去苏州的旅行团吗？

Yǒu qù Sūzhōu de lǚxíngtuán ma?

□ 어떤 관광지를 둘러봅니까?

떠우 찬꾸안 나씨에 찡띠엔

都参观哪些景点？

Dōu cānguān nǎxiē jǐngdiǎn?

□ 다녀오는데 몇 시간이나 걸립니까?

라이후이 지 거 씨아오스

来回几个小时？

Láihuí jǐ ge xiǎoshí?

□ (목적지를 가리키며) 여기에 가려고 하는데 걸어서 갈 수 있습니까?

취 쩔 넝 쩌우저취 마
去这儿能走着去吗?
Qù zhèr néng zǒuzhequ ma?

□ 걸어서 몇 분 걸립니까?

쩌우저취 야오 지 펀쭝
走着去要几分钟?
Zǒuzhequ yào jǐ fēnzhōng?

□ 걸어서 10분이면 됩니다.

차부뚸어 쩌우 스 펀쭝 찌우 따오
差不多走十分钟就到。
Chàbuduō zǒu shí fēnzhōng jiù dào.

□ 천단공원에 가는 길을 가르쳐 주세요.

칭 까오쑤 워 따오 티엔탄 꿍위엔 쩐머 쩌우
请告诉我到天坛公园怎么走。
Qǐng gàosu wǒ dào Tiāntán gōngyuán zěnme zǒu.

□ 이 길은 어디로 연결됩니까?

쩌 티아오 루 스 퉁따오날 더
这条路是通到哪儿的?
Zhè tiáo lù shì tōngdào nǎr de?

□ 뭘 타고 가는 게 가장 좋습니까?

쭈어 션머 취 쭈이 허스
坐什么去最合适？
Zuò shénme qù zuì héshì?

□ 얼마나 걸립니까?

쉬야오 뚜어창 스찌엔
需要多长时间？
Xūyào duōcháng shíjiān?

□ 갈아타야 합니까?

삐쉬 환처 마
必须换车吗？
Bìxū huànchē ma?

□ 차에서 내리면 바로입니까?

샤 러 처 찌우 스 마
下了车就是吗？
Xià le chē jiù shì ma?

□ 약도를 좀 그려주실 수 있나요?

넝 화 짱 스이투 마
能画张示意图吗？
Néng huà zhāng shìyìtú ma?

□ 제 지도를 이용해 다시 설명해주시겠습니까?

융 워 더 띠투 짜이 수어밍 이샤 하오 마

用我的地图再说明一下，好吗？

Yòng wǒ de dìtú zài shuōmíng yíxià, hǎo ma?

□ 여기에서 멉니까?

리 쩔 위엔 마

离这儿远吗？

Lí zhèr yuǎn ma?

□ 북경대학은 어떻게 갑니까?

뻬이징 따쉬에 쩐머 쩌우

北京大学怎么走？

Běijīng dàxué zěnme zǒu?

□ 화장실은 어디에 있습니까?

처쑤어 짜이 날

厕所在哪儿？

Cèsuǒ zài nǎr?

□ 곧장 앞으로 가세요.

이쯔 왕 치엔 쩌우

一直往前走。

Yìzhí wǎng qián zǒu.

□ 사거리에서 우회전하세요.

따오 스쯔루커우 왕 여우 꾸아이
到十字路口往右拐。
Dào shízìlùkǒu wǎng yòu guǎi.

□ 길을 건너서 왼쪽으로 돌면 됩니다.

꾸어 마루 왕 쭈어 꾸아이 찌우 씽 러
过马路往左拐就行了。
Guò mǎlù wǎng zuǒ guǎi jiù xíng le.

□ 바로 저 신호등 옆입니다.

찌우 짜이 나거 홍뤼떵 팡삐엔
就在那个红绿灯旁边。
Jiù zài nàge hónglǜdēng pángbian.

□ 저 좀 데려다 주세요.

칭 니 따이 워 취
请你带我去。
Qǐng nǐ dài wǒ qù.

□ 좋습니다. 따라 오세요.

하오 껀 워 라이 바
好，跟我来吧。
Hǎo, gēn wǒ lái ba.

□ 입장권은 어디에서 팝니까?

먼피야오 짜이 날 마이

门票在哪儿卖?
Ménpiào zài nǎr mài?

□ 한 장에 얼마입니까?

이 짱 뚜어사오 치엔

一张多少钱?
Yì zhāng duōshao qián?

□ 저것은 무엇입니까?

나 스 션머

那是什么?
Nà shì shénme?

□ 이것은 어디에 쓰인 것입니까?

쩌 스 깐 션머 융 더

这是干什么用的?
Zhè shì gàn shénme yòng de?

□ 저 탑은 어느 시대의 것입니까?

저 쭈어 타 스 나 거 차오따이 더

那座塔是哪个朝代的?
Nà zuò tǎ shì nǎge cháodài de?

□ 얼마나 오랜 역사를 지녔습니까?

여우 뚜어사오 니엔 리스 러

有多少年历史了？

Yǒu duōshao nián lìshǐ le?

□ 높이가 얼마나 됩니까?

여우 뚜어까오

有多高？

Yǒu duōgāo?

□ 저 건물은 무엇입니까?

나 스 션머 찌엔쭈우

那是什么建筑物？

Nà shì shénme jiànzhùwù?

□ 황제가 살던 곳입니다.

스 황띠 쭈꾸어 더 띠팡

是皇帝住过的地方。

Shì huángdì zhùguo de dìfang.

□ 기념품은 어디에서 삽니까?

찌니엔핀 짜이 날 마이

纪念品在哪儿买？

Jìniànpǐn zài nǎr mǎi?

□ 여기에서 사진 찍어도 됩니까?

짜이 쩔 커이 짜오샹 마

在这儿可以照相吗？

Zài zhèr kěyǐ zhàoxiàng ma?

□ 플래시를 사용해도 됩니까?

커이 융 산꾸앙떵 마

可以用闪光灯吗？

Kěyǐ yòng shǎnguāngdēng ma?

□ 여기는 촬영이 금지된 곳입니다.

쩔 찐즈 셔잉

这儿禁止摄影。

Zhèr jìnzhǐ shèyǐng.

□ 죄송하지만 사진 좀 찍어주시겠어요?

마판 닌 게이 워 짜오샹 하오 마

麻烦您，给我照相好吗？

Máfan nín, gěi wǒ zhàoxiàng hǎo ma?

□ 이 카메라는 어떻게 사용하죠?

쩌거 짜오샹찌 쩐머 융

这个照相机怎么用？

Zhège zhàoxiàngjī zěnme yòng?

□ 이 셔터만 누르시면 됩니다.

안 이샤 쩌거 콰이먼 찌우 씽 러
按一下这个快门就行了。
Ān yíxià zhège kuàimén jiù xíng le.

□ 저것을 배경으로 해주세요.

칭 바 나거 땅 뻬이징
请把那个当背景。
Qǐng bǎ nàge dāng bèijǐng.

□ 저와 함께 사진 한 장 찍어주실 수 있습니까?

넝 껀 워 이치 짜오 이 쨩 마
能跟我一起照一张吗?
Néng gēn wǒ yìqǐ zhào yì zhāng ma?

□ 당신을 찍어도 됩니까?

커이 짜오 니 마
可以照你吗?
Kěyǐ zhào nǐ ma?

□ 당신에게 사진을 보내드리고 싶습니다.

워 샹 바 짜오피엔 찌게이 니
我想把照片寄给你。
Wǒ xiǎng bǎ zhàopiàn jìgěi nǐ.

□ 지금 박물관은 열었나요?

뽀우꾸안 씨엔짜이 카이팡 마

博物馆现在开放吗？
Bówùguǎn xiànzài fāifàng ma?

□ 미술관은 몇 시에 폐관합니까?

메이수꾸안 지 띠엔 꾸안먼

美术馆几点关门？
Měishùguǎn jǐ diǎn guānmén?

□ 이곳의 주요 전시품은 무엇입니까?

쩔 주야오 여우 션머 잔핀

这儿主要是什么展品？
Zhèr zhǔyào shì shénme zhǎnpǐn?

□ 주로 중국 고대의 역사유물입니다.

주야오 스 쫑구어 구따이 리스 우핀

主要是中国古代历史物品。
Zhǔyào shì Zhōngguó gǔdài lìshǐ wùpǐn.

□ 어디에서부터 구경합니까?

총 날 카이스 찬꾸안

从哪儿开始参观？
Cóng nǎr kāishǐ cānguān?

□ 관내에 무료 안내책자가 있습니다.

꾸안리 여우 미엔페이 수어밍수

观里有免费说明书。

Guānli yǒu miǎnfèi shuōmíngshū.

□ 가방을 맡길 수 있습니까?

빠오 넝 찌춘 마

包能寄存吗?

Bāo néng jìcún ma?

□ 어느 시대의 유물입니까?

스 나거 니엔따이 더 우핀

是哪个年代的物品?

Shì nǎge niándài de wùpǐn?

□ 저것은 누구의 작품입니까?

나 스 셰이 더 쭈어핀

那是谁的作品?

Nà shì shéi de zuòpǐn?

□ 한국어 팜플렛이 있습니까?

여우 한구어위 쯔리아오 마

有韩国语资料吗?

Yǒu Hánguóyǔ zīliào ma?

□ 근처에 영화관이 있습니까?

푸찐 여우 띠엔잉위엔 마

附近有电影院吗?
Fùjìn yǒu diànyǐngyuàn ma?

□ 어디에서 경극을 볼 수 있습니까?

션머 띠팡 넝 꾸안상찡쮜

什么地方能观赏京剧?
Shénme dìfang néng guānshǎng jīngjù?

□ 여기에서 서커스입장권 팝니까?

쩔 마이 짜찌피아오 마

这儿卖杂技票吗?
Zhèr mài zájìpiào ma?

□ 지금은 어떤 영화를 상영하고 있습니까?

씨엔짜이 쩡짜이 상잉 션머 띠엔잉

现在正在上映什么电影?
Xiànzài zhèngzài shàngyǐng shénme diànyǐng?

□ 다음 영화는 몇 시에 시작합니까?

샤창 띠엔잉 지 띠엔 카이스

下场电影几点开始?
Xiàchǎng diànyǐng jǐ diǎn kāishǐ?

□ 오늘밤 공연은 몇 시에 시작합니까?

찐완 더 옌추 지 띠엔 카이옌

今晚的演出几点开演？

Jīnwǎn de yǎnchū jǐ diǎn kāiyǎn?

□ 앞쪽 자리 남았습니까?

하이 여우 카오 치엔파이 더 쭈어웨이 마

还有靠前排的座位吗？

Hái yǒu kào qiánpái de zuòwèi ma?

□ 좌석과 가격에는 몇 가지가 있습니까?

여우 지 쫑 쭈어씨 허 피아오찌아

有几种座席和票价？

Yǒu jǐ zhǒng zuòxí hé piàojià?

□ 좌석번호대로 앉아야 합니까?

야오 뚜이하오 루쭈어 마

要对号入座吗？

Yào duìhào rùzuò ma?

□ 프로그램 팜플렛을 주세요.

칭 게이 워 지에무딴

请给我节目单。

Qǐng gěi wǒ jiémùdān.

□ 호텔에 노래방이 있습니까?

판띠엔리 여우 카라오케이 마
饭店里有卡拉OK吗?
Fàndiàn li yǒu kǎlā OK ma?

□ 여기 한국 노래 있습니까?

쩌리 여우 한구어 껄 마
这里有韩国歌儿吗?
Zhèli yǒu Hánguó gēr ma?

□ 노래목록을 좀 봐야겠습니다.

랑 워 칸칸 취무삐아오
让我看看曲目表。
Ràng wǒ kànkan qǔmùbiǎo.

□ 한 시간 노래하는데 얼마입니까?

창 이 거 씨아오스 뚜어사오 치엔
唱一个小时多少钱?
Chàng yí ge xiǎoshí duōshao qián?

□ 먼저 선곡하세요.

씨엔 띠엔 이 서우 꺼
先点一首歌。
Xiān diǎn yì shǒu gē.

□ 노래 잘 하시네요. 한 곡 더 하세요.

니 창더 헌 하오 짜이 라이 이 거 바

你唱得很好，再来一个吧。

Nǐ chàngde hěn hǎo, zài lái yí ge ba.

□ 노래 끝나면 우리 나이트에 가서 춤춥시다.

창완 러 워먼 취 우팅 티아오우 바

唱完了，我们去舞厅跳舞吧。

Chàngwán le, wǒmen qù wǔtīng tiàowǔ ba.

□ 근처에 디스코클럽이 있습니까?

푸진 여우 띠팅 마

附近有迪厅吗？

Fùjìn yǒu dítīng ma?

□ 영업시간을 알려주세요.

칭 까오쑤 워 잉예 스찌엔

请告诉我营业时间。

Qǐng gàosu wǒ yíngyè shíjiān.

□ 오늘 재미있게 놀았습니다.

찐티엔 왈 더 헌 통콰이

今天玩儿得很痛快。

Jīntiān wánrde hěn tòngkuài.

□ 골프를 치려면 예약이 필요합니까?

따 까오얼푸치우 쉬야오 위위에 마

打高尔夫球需要预约吗？

Dǎ gāo'ěrfūqiú xūyào yùyuē ma?

□ 부킹하려면 어느 부서로 연락해야 합니까?

워 야오 띵창 칭원 야오 짜오 나거 뿌먼

我要订场，请问要找哪个部门？

Wǒ yào dìngchǎng, qǐngwèn yào zhǎo nǎge bùmén?

□ 회원번호를 알려 주십시오.

칭 까오쑤 워 닌 더 후이위엔쩡 하오마

请告诉我您的会员证号码。

Qǐng gàosu wǒ nín de huìyuánzhèng hàomǎ.

□ 비회원도 라운딩할 수 있습니까?

페이후이위엔 예 커이 따치우 마

非会员也可以打球吗？

Fēihuìyuán yě kěyǐ dǎqiú ma?

□ 가능합니다. 가격만 다릅니다.

커이 즈스 찌아거 뿌퉁

可以，只是价格不同。

Kěyǐ, zhǐshì jiàgé bùtóng.

□ 토요일 오후 어느 시간대에 예약이 가능합니까?

쩌우리우 샤우 션머 스찌엔 커이 띵창

周六下午什么时间可以订场？

Zhōuliù xiàwǔ shénme shíjiān kěyǐ dìngchǎng?

□ 손님의 티오프 시간은 일요일 정오 12시 반입니다.

닌 더 카이치우 스찌엔 스 씽치티엔 쭝우 스얼 띠엔 빤

您的开球时间是星期天中午十二点半。

Nín de kāiqiú shíjiān shì xīnqītiān zhōngwǔ shí'èr diǎn bàn.

□ 캐디백은 여기에 내리고 차는 직접 주차하십시오.

워 빵 닌 나 치우빠오 닌 즈찌에 취 팅처 찌우 커이 러

我帮您拿球包，您直接去停车就可以了。

Wǒ bāng nín ná qiúbāo, nín zhíjiē qù tíngchē jiù kěyǐ le.

□ 저는 9시 40분에 부킹을 했는데 확인해 주세요.

워 위에 러 지우 띠엔 쓰스 펀 니 취에런 이샤

我约了九点四十分，你确认一下。

Wǒ yuē le jiǔ diǎn sìshí fēn, nǐ quèrèn yíxià.

□ 그린피(골프장 사용료)는 얼마입니까?

빠오밍페이 뚜어사오 치엔

报名费多少钱？

Bàomíngfèi duōshao qián?

□ 저희 클럽은 회원과 비회원을 구분합니다.

워먼 쥐러뿌 펀웨이 후이위에 허 페이후이위엔

我们俱乐部分为会员和非会员。

Wǒmen jùlèbù fēnwéi huìyuán hé fēihuìyuán.

□ 캐디비는 포함되어 있습니까?

빠오쿠어 치우퉁페이 마

包括球童费吗？

Bāokuò qiútóngfèi ma?

□ 골프채와 골프화를 빌리려면 어떻게 해야 합니까?

워 샹 쭈 치우깐 허 치우 씨에 쉬야오 션머 서우쉬

我想租球杆和球鞋，需要什么手续？

Wǒ xiǎng zū qiúgān hé qiúxié, xūyào shénme shǒuxù?

□ 골프채는 출발장소에서 대여가 가능합니다.

짜이 추파타이 커이 쭈 치우깐

在出发台可以租球杆。

Zài chūfātái kěyǐ zū qiúgān.

□ 이것이 손님의 로커열쇠입니다.

쩌 스 닌 더 껑이꾸이 야오스

这是您的更衣柜钥匙。

Zhè shì nín de gèngyīguì yàoshi.

☐ 캐디를 A급으로 배정해 주세요.

게이 워 안파이 에이 지 치우퉁
给我安排A级球童。
Gěi wǒ ānpái A jí qiútóng.

☐ 전동카트를 빌리고 싶습니다.

융 이샤 띠엔뚱 치우처
用一下电动球车。
Yòng yíxià diàndòng qiúchē.

☐ 이 골프장에 별도의 연습장이 있습니까?

쩌거 치우창 링 여우 리엔씨창 마
这个球场另有练习场吗？
Zhège qiúchǎng lìngyǒu liànxíchǎng ma?

☐ 우리 팀 티오프 시간은 언제입니까?

워먼 쭈 스 션머 스찌엔 파치우
我们组是什么时间发球？
Wǒmen zǔ shì shénme shíjiān fāqiú?

☐ 이것이 손님의 선수팻말과 경기스케줄안내입니다.

쩌 스 닌 더 쉬엔서우파이 허 싸이스 르청
这是您的选手牌和赛事日程。
Zhè shì nín de xuǎnshǒupái hé sàishì rìchéng.

잠깐!

싸고 좋은 물건을 사려는 마음은 인지상정입니다. 하지만 이것만큼 세상에 어려운 일도 없습니다. 정찰제가 제대로 시행되지 않는 중국은 특히 더 그렇습니다. 도무지 물건의 정확한 가격을 알 수 없습니다. 좋은 물건도 가격이 비싸고 질이 떨어지는 상품도 터무니없는 가격을 제시합니다. 요령있게 깎았는데도 다른 사람이 더 싸게 주고 샀다는 말을 들으면 속이 부글부글 끓습니다.

게다가 중국은 짝퉁의 천국입니다. 세계의 모든 가짜를 살 수 있습니다. 계란에서부터 고급시계, 휴대전화, 에어컨까지 가짜의 종류도 다양합니다. 전문가가 아니면 진품여부를 가려내기도 쉽지 않습니다. 따라서 중국에서 쇼핑을 할 때는 너무 비싼 것을 사지 않는 것이 좋습니다. 비싼 보석류나 주류일수록 가짜가 많다는 사실을 항상 염두에 두도록 합시다. 이와 함께 싼게 비지떡임도 잊지 말아야 할 것입니다. 너무 싸게 주면 품질이 조잡하여 한 번 쓰고 버리는 경우가 많습니다.

중국 사람에게 선물을 하고 싶을 때는 우산, 시계, 배 등은 하지 않는 것이 좋습니다. 해당 단어의 발음이 '헤어짐과 죽음'과 같이 불길한 의미를 뜻하는 단어의 발음과 비슷하여 금기시하고 있기 때문입니다.

쇼핑

VII

1. 쇼핑할 곳을 찾을 때

2 물건을 고를 때

3. 옷 · 신발을 살 때

4. 귀금속 · 액세서리를 살 때

5. 도서 · 음반 · 화장품을 살 때

6. 가격을 흥정하고 계산할 때

7. 포장 · 배송을 부탁할 때

8. 교환 · 환불할 때

□ 근처에 백화점이 있습니까?

푸찐 여우 빠이후어 상띠엔 마
附近有百货商店吗?
Fùjìn yǒu bǎihuò shāngdiàn ma?

□ 가장 가까운 슈퍼마켓은 어디에 있습니까?

리 쩔 쭈이찐 더 차오스 짜이 날
离这儿最近的超市在哪儿?
Lí zhèr zuìjìn de chāoshì zài nǎr?

□ 차를 전문으로 파는 상점이 있습니까?

여우 쭈안마이 차 더 상띠엔 마
有专卖茶的商店吗?
Yǒu zhuānmài chá de shāngdiàn?

□ 어디에서 이 지역 특산품을 살 수 있습니까?

짜이 날 커이 마이따오 쩔 더 터찬
在哪儿可以买到这儿的特产?
Zài nǎr kěyǐ mǎidào zhèr de tèchǎn?

□ 진주는 어디에서 살 수 있습니까?

날 넝 마이따오 쩐주
哪儿能买到珍珠?
Nǎr néng mǎidào zhēnzhū?

☐ 선글라스 어디에서 파는지 아십니까?

니 즈따오 날 마이 모찡 마

你知道哪儿卖墨镜吗?
Nǐ zhīdào nǎr mài mòjìng ma?

☐ 어디가 좀 싸게 파는 편입니까?

날 마이더 비찌아오 피엔이

哪儿卖得比较便宜?
Nǎr màide bǐjiào piányi?

☐ 그 가게는 믿을 만합니까?

나 찌아 상띠엔 씬더꾸어 마

那家商店信得过吗?
Nà jiā shāngdiàn xìndeguò ma?

☐ 그 상점 이름이 무엇입니까?

나 찌아 띠엔 찌아오 션머

那家店叫什么?
Nà jiā diàn jiào shénme?

☐ 내일 영업합니까?

밍티엔 잉예 마

明天营业吗?
Míngtiān yíngyè ma?

□ 구경 좀 하려고 합니다.

워 즈 샹 칸 이 칸
我只想看一看。
Wǒ zhǐ xiǎng kàn yi kàn.

□ 좀 보여 주세요.

게이 워 칸 이샤
给我看一下。
Gěi wǒ kàn yíxià.

□ 꺼내 보여 주세요.

나 게이 워 칸칸
拿给我看看。
Ná gěi wǒ kànkan.

□ 마음대로 고르세요.

쑤이삐엔 티아오하오 러
随便挑好了。
Suíbiàn tiáohǎo le.

□ 이건 어떻습니까?

쩌거 쩐머양
这个怎么样?
Zhège zěnmeyàng?

□ 이건 진품입니까, 복제품입니까?

쩌 스 쩐 더 하이스 푸쯔 더

这是真的还是复制的？
Zhè shì zhēn de háishi fùzhì de?

□ 다른 걸 좀 보여 주세요.

게이 워 칸칸 비에더

给我看看别的。
Gěi wǒ kànkan biéde.

□ 이것은 견본입니다.

쩌 스 양핀

这是样品。
Zhè shì yàngpǐn.

□ 나중에 다시 올게요.

꾸어 이후얼 짜이 라이

过一会儿再来。
Guò yíhuìr zài lái.

□ 다른 상점 좀 둘러볼게요.

워 취 칸칸 비에더 상띠엔

我去看看别的商店。
Wǒ qù kànkan bié de shāngdiàn.

□ 옷을 좀 사려고 합니다.

워 샹 마이 띠얼이푸
我想买点儿衣服。
Wǒ xiǎng mǎi diǎnr yīfu.

□ 바지 좀 보여 주세요.

바 쿠쯔 게이워 칸칸
把裤子给我看看。
Bǎ kùzi gěi wǒ kànkan.

□ 순모입니까?

스 춘마오 더 마
是纯毛的吗？
Shì chúnmáo de ma?

□ 이 옷감은 물에 빨면 줄어듭니까?

쩌 리아오쯔 쑤어수이 마
这料子缩水吗？
Zhè liàozi suōshuǐ ma?

□ 이것과 비슷한 스타일 있습니까?

여우 허 쩌거 차부뚜어 더 쿠안스 마
有和这个差不多的款式吗？
Yǒu hé zhège chàbuduō de kuǎnshì ma?

□ 다른 스타일을 좀 더 보여주세요.

짜이 랑 워 칸칸 비에더 쿠안스
再让我看看别的款式。
Zài ràng wǒ kànkan biéde kuǎnshì.

□ 다른 색깔 있습니까?

여우 비에더 옌써 마
有别的颜色吗？
Yǒu biéde yánsè ma?

□ 어떤 색깔이 있습니까?

여우 션머 옌써
有什么颜色？
Yǒu shénme yánsè?

□ 좀 밝은 색깔 있습니까?

여우 량 이띠얼 더 옌써 마
有亮一点儿的颜色吗？
Yǒu liàng yìdiǎnr de yánsè ma?

□ 다른 사이즈 있습니까?

여우 비에 더 따씨아오 마
有别的大小吗？
Yǒu biéde dáxiǎo ma?

□ 몇 사이즈 입으십니까?

니 추안 뚜어따 하오 더
你穿多大号的?
Nǐ chuān duōdà hào de?

□ 잘 모르겠습니다. 사이즈를 재 주세요.

부 타이 칭추 량 이샤
不太清楚，量一下。
Bú tài qīngchū, liàng yíxià.

□ 입어봐도 됩니까?

커이 스추안 마
可以试穿吗?
Kěyǐ shìchuān ma?

□ 옷 입어보는 곳은 어디에 있습니까?

스이스 짜이 날
试衣室在哪儿?
Shìyīshì zài nǎr?

□ 크기가 저한테 안 맞습니다.

따시야오 뚜이 워 뿌 허스
大小对我不合适。
Dàxiǎo duì wǒ bù héshì.

□ 구두를 사려고 합니다.

워 야오 마이 피씨에

我要买皮鞋。
Wǒ yào mǎi píxié.

□ 하이힐은 어떤 것이 있습니까?

여우 션머 까오껀씨에

有什么高跟鞋？
Yǒu shénme gāogēnxié?

□ 굽이 좀 더 높은 거 있습니까?

여우 씨에껀 짜이 까오 이띠얼 더 마

有鞋跟再高一点儿的吗？
Yǒu xiégēn zài gāo yìdiǎnr de ma?

□ 진짜 가죽입니까?

쩌 스 쩐피 더 마

这是真皮的吗？
Zhè shì zhēnpí de ma?

□ 볼이 넓은 것 있습니까?

여우 치엔미엔 쿠안따 더 마

有前面宽大的吗？
Yǒu qiánmiàn kuāndà de ma?

□ 목걸이를 보고 싶습니다.

워 샹 칸칸 샹리엔

我 想 看看 项链。

Wǒ xiǎng kànkan xiàngliàn.

□ 이 진주목걸이도 아주 예쁩니다.

쩌거 쩐주 샹리엔 예 헌 피아오량

这个 珍珠 项链 也 很 漂亮。

Zhège zhēnzhū xiàngliàn yě hěn piàoliàng.

□ 이 반지는 순금입니까?

쩌거 찌에즈 스 춘찐 더 마

这个 戒指 是 纯金 的 吗？

Zhège jièzhǐ shì chúnjīn de ma?

□ 이건 합금반지입니다.

쩌 스 허찐 찌에즈

这 是 合金 戒指。

Zhè shì héjīn jièzhǐ.

□ 도금된 것입니다.

스 뚜찐 더

是 镀金 的。

Shì dùjīn de.

□ 이것은 무슨 보석입니까?

쩌 스 션머 바오스

这是什么宝石？
Zhè shì shénme bǎoshí?

□ 인조보석입니다.

스 런짜오 바오스

是人造宝石。
Shì rénzào bǎoshí.

□ 사파이어가 박힌 브로치를 사겠습니다.

워 야오 마이 티에 란바오스 더 씨웅찌아

我要买贴蓝宝石的胸夹。
Wǒ yào mǎi tiē lánbǎoshí de xiōngjiā.

□ 이 옥팔찌는 몸에 좋습니다.

쩌거 위서우주어 뚜이 션티 부추어

这个玉手镯对身体不错。
Zhège yùshǒuzhuō duì shēntǐ búcuò.

□ 이 귀걸이는 무슨 소재로 만든 것입니까?

쩌거 얼환 스 융 션머 쭈어 더

这个耳环是用什么做的？
Zhège ěrhuán shì yòng shénme zuò de?

□ 좀 상세한 여행지도 있습니까?

여우 샹씨 띠얼 더 뤼여우투 마

有详细点儿的旅游图吗？

Yǒu xiángxì diǎnr de lǚyóutú ma?

□ 근래에는 어떤 책이 잘 팔립니까?

쭈이찐 나씨에 수 창씨아오

最近哪些书畅销？

Zuìjìn nǎxiē shū chàngxiāo?

□ 만화책은 어느 매대에 놓여있습니까?

만화 팡 짜이 나거 후어찌아 상

漫画放在哪个货架上？

Mànhuà fàng zài nǎge huòjià shang?

□ 장국영의 CD를 사고 싶습니다.

워 샹 마이 짱구어롱 더 꾸앙판

我想买张国荣的光盘。

Wǒ xiǎng mǎi Zhāng Guóróng de guāngpán.

□ 좀 깨끗한 거 있습니까?

여우 깐찡 띠얼 더 마

有干净点儿的吗？

Yǒu gānjìng diǎnr de ma?

□ 아이섀도를 사고 싶습니다.

워 샹 마이 옌잉
我想买眼影。
Wǒ xiǎng mǎi yǎnyǐng.

□ 더 수수한 색깔의 립스틱 있습니까?

여우 껑 푸쑤 이띠얼 옌써 더 커우훙
有更朴素一点儿颜色的口红？
Yǒu gèng pūsù yìdiǎnr yánsè de kǒuhóng?

□ 이 향수는 어느 브랜드의 것입니까?

쩌거 샹수이 스 션머 파이쯔 더
这个香水是什么牌子的？
Zhège xiāngshuǐ shì shénme páizi de?

□ 냄새가 강하지 않은 걸로 골라 주세요.

게이 워 티아오 이거 웨이 부타이 농 더
给我挑一个味不太浓的。
Gěi wǒ tiáo yí ge wèi bú tài nóng de.

□ 매니큐어 좀 보여 주세요.

랑 워 칸칸 즈찌아여우
让我看看指甲油。
Ràng wǒ kànkan zhǐjiǎyóu.

□ 이거 얼마에요?

쩌거 뚜어사오 치엔
这个多少钱?
Zhège duōshao qián?

□ 800위안입니다.

빠바이 콰이 치엔
八百块钱。
Bābǎi kuài qián.

□ 너무 비쌉니다.

타이 꾸이 러
太贵了。
Tài guì le.

□ 깎아 줄 수 있습니까?

넝 피엔이 띠얼 마
能便宜点儿吗?
Néng piányi diǎnr ma?

□ 많이 사면 싸게 해 줄 수 있습니까?

뚜어 마이 넝 피엔이마
多买能便宜吗?
Duō mǎi néng piányi ma?

□ 싸게 해 드리죠. 30% 할인하면 되시겠죠.

쑤안 니 피엔이 따 치 저 씽 러 바
算你便宜，打七折行了吧。
Suàn nǐ piányi, dǎ qī zhé xíng le ba.

□ 더 이상 깎을 수 없습니다.

뿌 넝 짜이 피엔이 러
不能在便宜了。
Bù néng zài piányi le.

□ 계산대에 가서 계산해 주세요.

칭 따오 서우쿠안타이 푸쿠안
请到收款台付款。
Qǐng dào shōukuǎntái fùkuǎn.

□ 거스름돈을 받지 못했습니다.

하이 메이 서우따오 링치엔
还没收到零钱。
Hái méi shōudào língqián.

□ 계산이 잘못 되었습니다.

치엔 쑤안추어 러
钱算错了。
Qián suàncuò le.

☐ 포장해 주세요.

빠오주앙 이샤

包装一下。
Bāozhuāng yíxià.

☐ 이것들을 함께 싸 주세요.

바 쩌씨에 쭈앙 짜이 이치

把这些装在一起。
Bǎ zhèxiē zhuāng zài yìqǐ.

☐ 나눠서 포장해 주세요.

칭 펀카이 빠오

请分开包。
Qǐng fēnkāi bāo.

☐ 선물입니다. 예쁘게 포장해 주세요.

쩌 스 리우 빠오더 피아오량 이띠얼

这是礼物，包得漂亮一点儿。
Zhè shì lǐwù, bāode piàoliang yìdiǎnr.

☐ 들고가기 편하게 포장해 주세요.

빠오더 하오 나 이띠얼

包得好拿一点儿。
Bāode hǎo ná yìdiǎnr.

□ 쇼핑백 좀 주세요.

게이 워 즈따이

给我纸袋。

Gěi wǒ zhǐdài.

□ 비닐봉지 있습니까?

여우 메이여우 쑤리아오따이

有没有塑料袋？

Yǒu méiyǒu sùliàodài?

□ 장성호텔로 배달해 주실 수 있습니까?

넝 쑹따오 창청판띠엔 마

能送到长城饭店吗？

Néng sòngdào Chángchéng fàndiàn ma?

□ 오늘 중으로 배달해 주셨으면 합니다.

씨왕 짜이 찐티엔 즈네이 쑹꾸어라이

希望在今天之内送过来。

Xīwàng zài jīntiān zhīnèi sòngguòlai.

□ 항공우편으로 한국에 부쳐 주실수 있나요?

융 쿵윈 찌따오 한구어 씽마

用空运寄到韩国，行吗？

Yòng kōngyùn jìdào Hánguó, xíng ma?

□ 문제가 있으면 환불할 수 있습니까?

루구어 여우 원티 넝 투이후어 마

如果有问题能退货吗？
Rúguǒ yǒu wèntí néng tuìhuò ma?

□ 교환은 가능하지만 환불은 안 됩니다.

넝 환 뿌 넝 투이

能换不能退。
Néng huàn bù néng tuì.

□ 교환해 주세요.

게이 워 환 이샤

给我换一下。
Gěi wǒ huàn yíxià.

□ 환불하고 싶습니다.

워 샹 투이후어

我想退货。
Wǒ xiǎng tuìhuò.

□ 아직 쓰지 않았습니다.

하이 메이 융꾸어

还没用过。
Hái méi yòngguo.

□ 사이즈가 맞지 않습니다.

따씨아오 뿌 허스

大小不合适。

Dàxiǎo bù héshì.

□ 작동하지 않습니다.

부 뚱 러

不动了。

Bú dòng le.

□ 수량이 부족합니다.

쩌거 부 꺼우 수

这个不够数。

Zhège bú gòu shǔ.

□ 여기에 문제가 있습니다.

쩔 여우 마오삥

这儿有毛病。

Zhèr yǒu máobing.

□ 여기 영수증입니다.

쩌 스 파피아오

这是发票。

Zhè shì fāpiào.

잠깐 !

예전에는 주로 우체국에 편지를 부쳐 소식을 주고 받았지만 근래들어 해외로 여행을 가도 선물이나 짐을 소포를 부치지 않으면 우체국을 이용할 기회가 거의 드문 것이 사실입니다. 휴대전화와 인터넷을 세상 어디에서나 쉽게 이용할 수 있게 되었기 때문입니다. 특히 휴대전화는 우리의 삶과 떼려야 뗄 수 없는 필수 휴대품이 되었습니다. 휴대전화가 보급되기 전에 해외여행을 가는 분들은 목적지에 도착하자마자 호텔이나 기타 숙소의 연락처부터 알려주어야 했고 그나마도 외부에 있을 때는 연락도 제대로 취하기 어려웠습니다. 이제는 해외에서도 국내에서 쓰는 것과 동일하게 휴대전화를 쓸 수 있게 되었습니다. 정말 세상이 좋아졌습니다.

하지만 편리한 휴대전화도 분실하거나 배터리가 부족하면 무용지물입니다. 그럴 경우에는 부득이 공중전화나 다른 사람의 전화를 이용해야 할 것입니다. 또한 예약이나 각종 문의를 할 때는 중국 현지인과도 통화해야 하니 중요한 몇 마디는 알아두는 것이 좋습니다.

통신

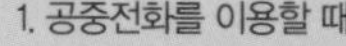

1. 공중전화를 이용할 때
2. 전화를 걸 때
3. 전화를 받을 때
4. 우체국을 이용할 때

□ 근처에 공중전화가 있습니까?

푸찐 여우 꿍융 띠엔화 마

附近有公用电话吗?

Fùjìn yǒu gōngyòng diànhuà ma?

□ 이 전화기로 국제전화를 걸 수 있습니까?

쩌 뿌 띠엔화 넝 다 구어지 창투 마

这部电话能打国际长途吗?

Zhè bù diànhuà néng dǎ guójí chángtú ma?

□ 이 전화기는 IC카드가 사용되나요?

쩌 뿌 띠엔화 넝 스융 아이씨카 마

这部电话能使用IC卡吗?

Zhè bù diànhuà néng shǐyòng IC kǎ ma?

□ 전화카드는 어디에서 삽니까?

띠엔화카 짜이 날 마이

电话卡在哪儿买?

Diànhuàkǎ zài nǎr mǎi?

□ 50위안짜리 IP카드 한 장 주세요.

마이 이 짱 우스 위엔 더 아이피 카

买一张五十元的IP卡。

Mǎi yì zhāng wǔshí yuán de IP ka.

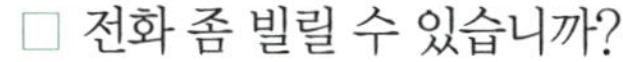

□ 전화 좀 빌릴 수 있습니까?

넝 찌에융 이샤 띠엔화 마

能借用一下电话吗？

Néng jièyòng yíxià diànhuà ma?

□ 통화료는 어떻게 지불합니까?

쩐머 서우페이

怎么收费？

Zěnme shōufèi?

□ 충전해 줄 수 있습니까?

넝 빵 워 충즈 마

能帮我充值吗？

Néng bāng wǒ chōngzhí ma?

□ 전화는 어떻게 겁니까?

칭원 띠엔화 쩐머 따

请问电话怎么打？

Qǐngwèn diànhuà zěnme dǎ?

□ 먼저 0번을 누르세요.

씨엔 뽀 링

先拨零。

Xiān bō líng.

□ 여보세요, 안녕하세요.

웨이 니 하오
喂，你好！
Wèi, nǐ hǎo!

□ 장 선생님 계신가요?

짱 씨엔성 짜이 마
张先生在吗？
Zhāng xiānsheng zài ma?

□ 왕 부장님 좀 바꿔 주세요.

칭 왕 찡리 찌에 띠엔화
请王经理接电话。
Qǐng Wáng jīnglǐ jiē diànhua.

□ 여보세요, 교환입니까?

웨이 스 쫑찌 마
喂，是总机吗？
Wèi, shì zǒngjī ma?

□ 내선 356번으로 돌려주세요.

칭 쭈안 싼 우 리우 펀찌
请转三五六分机。
Qǐng zhuǎn sān wǔ liù fēnjī.

☐ 북경호텔 전화번호를 좀 알고 싶습니다.

워 샹 차 이샤 뻬이징 판띠엔 더 띠엔화하오마

我 想 查 一 下 北 京 饭 店 的 电 话 号 码。

Wǒ xiǎng chá yíxià Běijīng fàndiàn de diànhuà hàoma.

☐ 그 분은 언제 돌아오십니까?

타 션머 스허우 후이라이

他 什 么 时 候 回 来?

Tā shénme shíhou huílai?

☐ 저한테 전화해 달라고 해 주세요.

랑 타 게이 워 후이 거 띠엔화

让 他 给 我 回 个 电 话。

Ràng tā gěi wǒ huí ge diànhuà.

☐ 나중에 다시 걸겠습니다.

워 이후얼 짜이 따

我 一 会 儿 再 打。

Wǒ yíhuìr zài dǎ.

☐ 잘 들리지 않습니다. 크게 말씀해주시겠습니까?

워 팅뿌칭추 따 띠얼 성 수어 하오 마

我 听 不 清 楚, 大 点 儿 声 说, 好 吗?

Wǒ tīngbuqīngchu, dà diǎnr shēng shuō, hǎo ma?

□ 혼선 되었습니다.

띠엔화 추안 씨엔 러
电话串线了。
Diànhuà chuànxiàn le.

□ 통화 중입니다.

띠엔화 짠씨엔
电话占线。
Diànhuà zhànxiàn.

□ 전화기가 이미 꺼져 있습니다.

융후 이찡 꾸안지
用户已经关机。
Yònghù yǐjing guānjī.

□ 여기는 신호가 좋지 않습니다.

쩔 씬하오 뿌 하오
这儿信号不好。
Zhèr xìnhào bù hǎo.

□ 한국으로 국제전화를 걸고 싶습니다.

워 샹 왕 한구어 구어지 창투
我想往韩国国际长途。
Wǒ xiǎng wǎng Hánguó guójì chángtú.

유용한 전화번호

- **영사콜센터**   800-2100-0404
- **영사관 주간**   010-6532-6774~5 / 야간 1360-111-7474
- **영사민원**   010-6532-6771
- **주중한국대사관**   1360-103-0178
- **주상해총영사관**   1381-758-0320
- **주홍콩총영사관**   852-2529-4141
- **주대만총영사관**   2758-8320
- **중국 공안당국**   110
- **화재신고**   119
- **교통사고**   122
- **긴급환자호송**   120
- **날씨안내**   121
- **전화번호안내**   114
- **국제전화안내**   115

주요 카드사별 신용카드 분실신고센터

- **KB카드**   82-2-2192-2500
- **BC카드**   82-2-950-8501
- **삼성카드**   82-2-2000-8100
- **신한카드**   82-2-1544-8877
- **현대카드**   82-2-3015-9000

☐ 누구십니까?

닌 스 나웨이

您是哪位？

Nín shì nǎwèi?

☐ 누구를 찾으십니까?

닌 짜오 셰이

您找谁？

Nín zhǎo shéi?

☐ 무슨 일이십니까?

닌 여우 션머 스

您有什么事？

Nín yǒu shénme shì?

☐ 접니다. 말씀하세요.

워 찌우스 닌 수어 바

我就是，您说吧。

Wǒ jiù shì, nín shuō ba.

☐ 끊지 마시고 기다리세요.

비에 꾸아 칭 샤오 떵

别挂，请稍等。

Bié guà, qǐng shāo děng.

□ 그 분은 안 계십니다.

타 부 짜이

他不在。
Tā bú zài.

□ 그 분은 통화 중이십니다.

타 쩡짜이 찌에 띠엔화

他正在接电话。
Tā zhèngzài jiē diànhuà.

□ 남기실 말씀이 있습니까?

야오 부 야오 리우옌

要不要留言?
Yào bu yào liúyán?

□ 저한테 말씀하실 수 있습니까?

커이 허 워 수어 마

可以和我说吗?
Kěyǐ hé wǒ shuō ma?

□ 전화 잘못 거셨습니다.

니 따추어 러

你打错了。
Nǐ dǎcuò le.

□ 항공우편 한 통을 보내고 싶습니다.

워 샹 찌 이 펑 항쿵씬

我想寄一封航空信。

Wǒ xiǎng jì yì fēng hángkōngxìn.

□ 소포를 부치려고 합니다.

워 찌 빠오꾸어

我寄包裹。

Wǒ jì bāoguǒ.

□ 어디로 보내실 겁니까?

왕 날 찌

往哪儿寄？

Wǎng nǎr jì?

□ 한국의 서울로 보낼 겁니다.

찌따오 한구어 서우얼

寄到韩国首尔。

Jìdào Hánguó Shǒu'ěr.

□ 보통우편으로 하실 겁니까, 아니면 등기우편로 하실 겁니까?

야오 핑씬 하이스 꾸아하오씬

要平信还是挂号信？

Yào píngxìn háishi guàhàoxìn?

□ 항공운송입니까, 해상운송입니까?

쿵윈 하이스 하이윈

空运还是海运？
Kōngyùn háishi hǎiyùn?

□ 소포의 무게를 달게 주십시오.

바 빠오꾸어 나라이 청 이샤

把包裹拿来称一下。
Bǎ bāoguǒ nálai chèng yíxià.

□ 물건을 이 상자에 담아주세요.

칭 바 뚱씨 쭈앙 쩌거 샹쯔리

请把东西装这个箱子里。
Qǐng bǎ dōngxi zhuāng zhège xiāngzi li.

□ 한국으로 부치는데 며칠이나 걸립니까?

찌따오 한구어 야오 지 티엔

寄到韩国要几天？
Jìdào Hánguó yào jǐ tiān?

□ 대략 일주일 걸립니다.

따위에 이 거 씽치

大约一个星期。
Dàyuē yí ge xīngqī.

잠깐 !

여행을 하다보면 미처 생각하지 못했던 낭패를 경험하기도 합니다. 물건을 잃어버릴 수도 있고 갑작스럽게 아플 수도 있습니다. 하지만 준비만 철저하다면 그리 당황하지 않고 난관을 극복할 수 있습니다. 여행할 때 가장 중요한 것은 여권과 항공권, 여비입니다. 여권에는 비자가 표시되어 있어 분실했을 경우 출국이 곤란해지기 때문에 특히 보관에 유의해야 합니다. 여권 분실에 대비하여 여권을 몇 장 복사하여 각기 다른 곳에 두고 여권용 증명사진도 두 장 챙겨두는 것이 좋습니다.

아플 때를 대비해서 간단한 약을 몇 가지 준비하면 좋습니다. 장이 좋지 않으신 분은 지사제, 소화제 등을 준비하고 감기에 대비하여 종합감기약이나 해열제를 가져가면 쓸모가 있습니다. 그외에 일회용 밴드, 상처에 바르는 연고, 물파스 등을 준비하면 그리 큰 짐이 되지 않으면서도 유용합니다.

사고가 났을 때 가장 중요한 것은 적극적인 자세입니다. 대사관, 한인회, 문화원 등등의 기관은 물론 유학생, 주재원 등에게 어려운 점을 밝히고 도움을 받도록 합시다.

IX 문제 해결

1. 길을 잃었을 때

2. 도움을 요청할 때

3. 도난·분실사고가 발생했을 때

4. 교통사고가 났을 때

5. 경찰에 신고할 때

6. 몸이 아플 때

7. 약을 살 때

□ 길을 잃었습니다.

워 미루 러

我迷路了。
Wǒ mílù le.

□ 여기가 어디입니까?

쩔 스 션머 띠팡

这儿是什么地方？
Zhèr shì shénme dìfang?

□ 이 길 이름이 무엇입니까?

쩌 스 션머 루

这是什么路？
Zhè shì shénme lù?

□ 저 좀 데려다 주시겠어요?

넝 뿌 넝 따이 워 취

能不能带我去？
Néng bu néng dài wǒ qu?

□ 따라오세요. 제가 길 안내를 할게요.

칭 껀 워 라이 워 게이 니 따이루

请跟我来，我给你带路。
Qǐng gēn wǒ lái, wǒ gěi nǐ dàilù.

□ 사람 살려!

찌우밍 아
救命啊！
Jiùmìng a!

□ 불이야!

짜오후어 러
着火了。
Zháohuǒ le.

□ 구급차를 부르세요.

찌아오 찌우후처
叫救护车。
Jiào jiùhùchē.

□ 저를 병원으로 보내 주세요.

콰이 바 워 쑹따오 이위엔 취
快把我送到医院去！
Kuài bǎ wǒ sòngdào yīyuàn qu!

□ 경찰을 불러 주세요.

칭 찌아오 징차 라이
请叫警察来！
Qǐng jiào jǐngchá lái!

☐ 여권을 잃어버렸습니다.

워 더 후짜오 부 찌엔 러

我的护照不见了。
Wǒ de hùzhào bú jiàn le.

☐ 지갑을 도난 당했습니다.

치엔빠오 뻬이 터우 러

钱包被偷了。
Qiánbāo bèi tōu le.

☐ 항공권을 잃어버렸는데 어떡하죠?

워 띠우 러 지피야오 쩐머 빤

我丢了机票，怎么办？
Wǒ diū le jīpiào, zěnme bàn?

☐ 먼저 공안국 외사과로 가서 신고하세요.

씨엔 따오 꿍안쥐 와이스커 빠오안

先到公安局外事科报案。
Xiān dào gōng'ānjú wàishìkē bào'àn.

☐ 물건을 택시에 두고 내렸습니다.

바 뚱씨 왕 짜이 추쭈처 상 러

把东西忘在出租车上了。
Bǎ dōngxi wàng zài chūzūchē shang le.

☐ 유실물 센터에 가서 물어보세요.

따오 스우자오링추 취 원 바

到失物招领处去问吧。
Dào shīwù zhāolǐngchù qù wèn ba.

☐ 가방 안에 무엇이 들었습니까?

서우티빠오 리 여우 씨에 션머

手提包里有些什么？
Shǒutíbāo li yǒu xiē shénme?

☐ 현금 약간하고 항공권이요.

이씨에 씨엔진 허 지피아오

一些现金和机票。
Yìxiē xiànjīn hé jīpiào.

☐ 분실 증명서를 작성하세요.

티엔씨에 이스 쩡밍수

填写遗失证明书。
Tiánxiě yíshī zhèngmíngshū.

☐ 찾으면 연락주세요.

자오따오 더 화 칭 게이 워 리엔루어

找到的话，请给我联络。
Zhǎodào de huà, qǐng gěi wǒ liánluò.

□ 차에 치였어요.

뻬이 처 쭈앙 러
被车撞了！
Bèi chē zhuàng le!

□ 나는 교통규칙을 지켰습니다.

워 쭌서우 러 찌아오퉁 꾸이쩌
我遵守了交通规则。
Wǒ zūnshǒu le jiāotōng guīzé.

□ 저 차가 갑자기 튀어나왔습니다.

나 량 처 투란 추라이 러
那辆车突然出来了。
Nà liàng chē tūrán chūlái le.

□ 갑작스러워 상황을 파악할 수 없습니다.

타이 투란 러 워 뿌 즈따오 쩐머 후이 스
太突然了，我不知道怎么回事。
Tài tūrán le, wǒ bù zhīdao zěnme huí shì.

□ 사고증명서를 발급해주실 수 있나요?

넝 게이 워 카이쥐 이펀 스꾸쩡밍 마
能给我开具一份事故证明吗？
Néng gěi wǒ kāijù yí fèn shìgù zhèngmíng ma?

□ 제 지갑을 빼앗겼습니다.

워 더 치엔빠오 뻬이 치앙 러

我的钱包被抢了。
Wǒ de qiánbāo bèi qiǎng le.

□ 그의 얼굴을 분명히 보았습니까?

니 칸 칭추 타 더 리엔 러 마

你看清楚他的脸了吗？
Nǐ kànqīngchu tā de liǎn le ma?

□ 당시 상황이 잘 기억나지 않습니다.

워 찌 부 타이 칭추 땅스 더 칭쿠앙 러

我记不太清楚当时的情况了。
Wǒ jì bú tài qīngchu dāngshí de qíngkuàng le.

□ 가방을 지하철에 두고 내렸습니다.

워 더 빠오 라 짜이 띠티에리 러

我的包落在地铁里了。
Wǒ de bāo là zài dìtiěli le.

□ 찾으면 연락드리겠습니다.

루구어 자오따오 니 더 뚱씨 워먼 허 니 리엔씨

如果找到你的东西，我们和你联系。
Rúguǒ zhǎodào nǐ de dōngxi, wǒmen hé nǐ liánxi.

□ 몸이 아픕니다.

워 션티 뿌 수푸
我身体不舒服。
Wǒ shēntǐ bù shūfu.

□ 진찰을 받으려고 합니다.

워 야오 칸삥
我要看病。
Wǒ yào kànbìng.

□ 어디에서 접수합니까?

짜이 날 꾸아하오
在哪儿挂号？
Zài nǎr guàhào?

□ 어느 과를 보시겠습니까?

니 야오 칸 나 이 커
你要看哪一科？
Nǐ yào kàn nǎ yì kē?

□ 어디가 아픕니까?

니 날 뿌 수푸
你哪儿不舒服？
Nǐ nǎr bù shūfu?

□ 발목을 삐었습니다.

와이 러 찌아오완쯔 러
歪了脚腕子了。
Wǎi le jiǎowànzi le.

□ 기침을 하고 콧물도 납니다. 목도 아프고요.

커써우 리우 비티 쌍쯔 예 텅
咳嗽、流鼻涕，嗓子也疼。
Késuo、liú bíti, sǎngzi yě téng.

□ 열이 나고 머리가 몹시 아픕니다.

파샤오 터우 헌 텅
发烧，头很疼。
Fāshāo, tóu hěn téng.

□ 계속 설사를 합니다.

뿌팅 더 푸씨에
不停地腹泻。
Bùtíng de fùxiè.

□ 온몸에 한기가 듭니다.

훈션 파렁
浑身发冷。
Húnshēn fālěng.

□ 여러 번 토했습니다.

워 투 러 하오 지 츠
我吐了好几次。
Wǒ tù le hǎo jǐ cì.

□ 숨을 깊이 들이쉬세요.

션션 더 씨치
深深地吸气。
Shēnshen de xīqì.

□ 가벼운 감기증상입니다.

니 여우 씨에 칭웨이 깐마오
你有些轻微感冒。
Nǐ yǒu xiē qīngwēi gǎnmào.

□ 약 좀 먹고 주사를 맞으면 곧 나아질 겁니다.

츠 띠얼 야오 따전 찌우 메이스 러
吃点儿药，打针就没事了。
Chī diǎnr yào, dǎzhēn jiù méishì le.

□ 진단서 좀 떼 주세요.

게이 워 삥리카
给我病历卡。
Gěi wǒ bìnglìkǎ.

□ 이 처방전의 약을 사려고 합니다.

워 야오 마이 쩌거 추팡 상 더 야오

我要买这个处方上的药。
Wǒ yào mǎi zhège chǔfāng shang de yào.

□ 감기약 주세요.

워 마이 깐마오야오

我买感冒药。
Wǒ mǎi gǎnmàoyào.

□ 해열제 좀 사고 싶습니다.

워 야오 마이 띠얼 투이샤오야오

我要买点儿退烧药。
Wǒ yào mǎi diǎnr tuìshāoyào.

□ 부작용은 없습니까?

여우 메이여우 푸쭈어융

有没有副作用？
Yǒu méiyǒu fùzuòyòng?

□ 하루에 세 번 식후에 드세요.

이 티엔 싼 츠 판허우츠

一天三次，饭后吃。
Yì tiān sān cì, fànhòu chī.

부록 I

단어 찾기

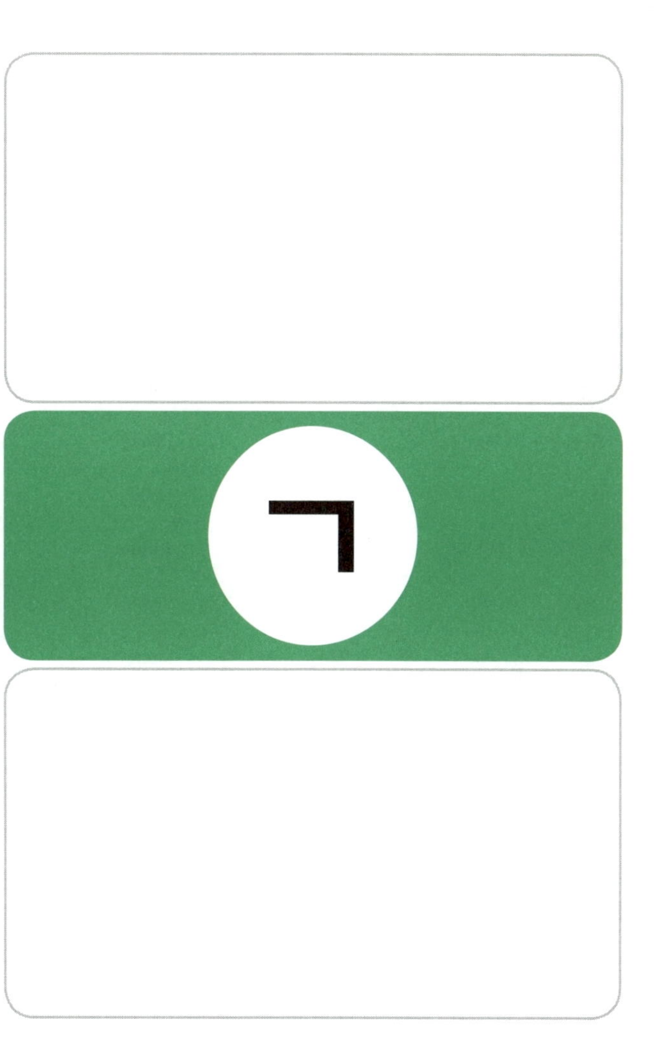

ㄱ

가게	상띠엔	商店	shāngdiàn
가격	찌아거	价格	jiàgé
가깝다	찐	近	jìn
가늘다	씨	细	xì
가다	쩌우	走	zǒu
가득 채우다	찌아만	加满	jiāmǎn
가르마	터우루	头路	tóulù
가리마를 타다	펀터우	分头	fēntóu
가솔린	치여우	汽油	qìyóu
가슴	씨웅	胸	xiōng
가위	찌엔따오	剪刀	jiǎndāo
가을	치우티엔	秋天	qiūtiān
가이드	다오여우	导游	dǎoyóu
가정식음식점	찌아창차이꾸안	家常菜馆	jiāchángcàiguǎn
가족	찌아런	家人	jiārén

가죽	피거	**皮革**	pígé
간	깐	**肝**	gān
간식	띠엔씬	**点心**	diǎnxīn
간염	깐옌	**肝炎**	gānyán
간장	찌앙여우	**酱油**	jiàngyóu
간호사	후스	**护士**	hùshi
감	스쯔	**柿子**	shìzi
감기 걸리다	깐마오	**感冒**	gǎnmào
감기약	깐마오야오	**感冒药**	gǎnmàoyào
감자	투떠우	**土豆**	tǔdòu
강도	치앙따오	**强盗**	qiángdào
개인	꺼런	**个人**	gèrén
개찰구	지엔피아오커우	**检票口**	jiǎnpiàokǒu
거스름돈	자오치엔	**找钱**	zhǎoqián
거울	찡쯔	**镜子**	jìngzi
건배하다	깐뻬이	**干杯**	gānbēi

건축하다	찌엔짜오	建造	jiànzào
검역	찌엔이	检疫	jiǎnyì
검정	헤이써	黑色	hēisè
겨울	뚱티엔	冬天	dōngtiān
견학하다	찬꾸안	参观	cānguān
결정하다	쥐에띵	决定	juédìng
경극	찡쮜	京剧	jīngjù
경기	비싸이	比赛	bǐsài
경기관람	칸싸이	看赛	kànsài
경찰	징차	警察	jǐngchá
계단	러우티	楼梯	lóutī
계란	찌딴	鸡蛋	jīdàn
고급품	까오지핀	高级品	gāojípǐn
고량주	바이지우	白酒	báijiǔ
고려하다	카오뤼	考虑	kǎolǜ
고추	라찌아오	辣椒	làjiāo

고추장	라찌아오찌앙	辣椒酱	làjiāojiàng
고혈압	까오쉬에야	高血压	gāoxuèyā
골동품점	꾸똥띠엔	古董店	gǔdǒngdiàn
골목	후퉁	胡同	hútòng
골절	구저	骨折	gǔzhé
골프	까오얼푸치우	高尔夫球	gāo'ěrfūqiú
공급하다	꿍잉	供应	gōngyìng
공안국	꿍안쥐	公安局	gōng'ānjú
공연	옌추	演出	yǎnchū
공예품상점	꿍이핀상띠엔	工艺品商店	gōngyìpǐnshāngdiàn
공원	꿍위엔	公园	gōngyuán
공장	꿍창	工厂	gōngchǎng
공장장	창장	厂长	chǎngzhǎng
공중전화	꿍융띠엔화	公用电话	gōngyòngdiànhuà
공항	찌창	机场	jīchǎng
과일	수이구어	水果	shuǐguǒ

관광	꾸안꾸앙	观光	guānguāng
관광노선	뤼여우루씨엔	旅游路线	lǚyóulùxiàn
관세	꾸안수이	关税	guānshuì
광천수	쿠앙취엔수이	矿泉水	kuàngquánshuǐ
교통지도	찌아오퉁띠투	交通地图	jiāotōngdìtú
교환	쫑찌	总机	zǒngjī
구, 9	지우	九	jiǔ
구토	오우투	呕吐	ǒu'tǔ
국	탕	汤	tāng
국내주소	구어네이띠즈	国内地址	guónèidìzhǐ
국산품	구어찬핀	国产品	guóchǎnpǐn
국수	미엔티아오	面条	miàntiáo
국자	판사오	盘勺	pánsháo
국적	구어지	国籍	guójí
국제선 갈아타는 곳	구어찌 쫑쭈안	国际中转	guójìzhōngzhuǎn
국제전화	구어찌띠엔화	国际电话	guójìdiànhuà

굴소스	하오여우	**耗油**	hàoyóu
굽다	카오	**烤**	kǎo
귀	얼뚜어	**耳朵**	ěrduo
귀걸이	얼환	**耳环**	ěrhuán
귀국하다	후이구어	**回国**	huíguó
귀중품	꾸이쫑우핀	**贵重物品**	guìzhòngwùpǐn
귤	쥐쯔	**橘子**	júzi
그	타	**他**	tā
그것	타	**它**	tā
그것들	타먼	**它们**	tāmen
그녀	타	**她**	tā
그녀들	타먼	**她们**	tāmen
그들	타먼	**他们**	tāmen
그래서	쑤어이	**所以**	suǒyǐ
그러나	딴스	**但是**	dànshì
그런데	커스	**可是**	kěshì

그릇	완	碗	wǎn
그리고	얼치에	而且	érqiě
그립	워바	握把	wòba
그저께	치엔티엔	前天	qiángtiān
극장	쥐창	剧场	jùchǎng
금	찐	金	jīn
금년	찐니엔	今年	jīnnián
금연	찐즈씨엔	禁止吸烟	jìnzhǐ xīyān
금요일	씽치우	星期五	xīngqīwǔ
급성병	지씽삥	急性病	jíxìngbìng
기내식	찌네이스	机内食	jīnèishí
기념관	찌니엔꾸안	纪念馆	jìniànguǎn
기본요금	치찌아페이	起驾费	qǐjiàfèi
기차	후어처	火车	huǒchē
기차역	후어처잔	火车站	huǒchēzhàn
기침하다	커써우	咳嗽	késou

기혼	이훈	已婚	yǐhūn
길다	창	长	cháng
길이	창뚜	长度	chángdù
김치	파오차이	泡菜	pàocài
꽃가게	화띠엔	花店	huādiàn
끓인 물	카이수이	开水	kāishuǐ

L

나	워	我	wǒ
나이	니엔링	年龄	niánlíng
나이트클럽	예쫑후이	夜总会	yèzǒnghuì
나이프	따오쯔	刀子	dāozi
나흘	쓰티엔	四天	sì tiān
남녀	난뉘	男女	nánnǚ
남동생	띠디	弟弟	dìdi
남쪽	난삐엔	南边	nánbian
남편	아이런	爱人	àiren
낮	바이티엔	白天	báitiān
내과	네이커	内科	nèikē
내년	밍니엔	明年	míngnián
내선	네이씨엔	内线	nèixiàn
내일	밍티엔	明天	míngtiān
냉장고	삥샹	冰箱	bīngxiāng

냉장하다	삥렁	冰冷	bīnglěng
냉커피	렁카페이	冷咖啡	lěngkāfēi
넓이	쿠안뚜	宽度	kuāndù
넥타이	링따이	领带	língdài
년	니엔	年	nián
노랑	황써	黄色	huángsè
노래방	카라오케이	卡拉OK	kǎlā OK
노래하다	창꺼	唱歌	chànggē
노인	라오런	老人	lǎorén
녹차	뤼차	绿茶	lǜchá
놀다	왈	玩儿	wánr
농구	란치우	篮球	lánqiú
누구	셰이	谁	shéi
누나	찌에지에	姐姐	jiějie
눈	옌징	眼睛	yǎnjing
눕다	탕	躺	tǎng

느끼하다　　여우니　　油腻　　yóunì

C

다리	투이	腿	tuǐ
다리미	윈떠우	熨斗	yùndou
다이아몬드	쭈안스	钻石	zuànshí
단체	투안티	团体	tuántǐ
단체사진	허잉	合影	héyǐng
단축하다	쑤어뚜안	缩短	suǒduǎn
닫다	꾸안	关	guān
달다	티엔	甜	tián
달러	메이위엔	美元	Měiyuán
닭고기	찌러우	鸡肉	jīròu
담배	샹옌	香烟	xiāngyān
담요	탄쯔	毯子	tǎnzi
당구	타이치우	台球	táiqiú
당근	후루어뽀	胡萝卜	húluóbo
당기다	라	拉	lā

당나라	탕차오	唐朝	Tángcháo
당신	니	你	nǐ
당신들	니먼	你们	nǐmen
대만	타이완	台湾	Táiwān
대변	따삐엔	大便	dàbiàn
대여료	쭈찐	租金	zūjīn
대장	따창	大肠	dàcháng
대합실	허우처스	候车室	hòuchēshì
덥다	러	热	rè
도난당하다	뻬이터우	被偷	bèitōu
도둑	씨아오터우	小偷	xiǎotōu
도로	마루	马路	mǎlù
도매시장	피파스창	批发市场	pīfāshìchǎng
도박하다	뚜뽀	赌博	dǔbó
도시	청스	城市	chéngshì
도시락	허판	盒饭	héfàn

도자기	타오츠치	陶瓷器	táocíqì
도착하다	따오다	到达	dàodá
독일	더구어	德国	Déguó
돌다	쭈안	转	zhuǎn
동물원	뚱우위엔	动物园	dòngwùyuán
동전	잉삐	硬币	yìngbì
동쪽	뚱삐엔	东边	dōngbian
돼지고기	쭈러우	猪肉	zhūròu
두껍다	허우	厚	hòu
두께	허우뚜	厚度	hòudù
뒤	허우미엔	后面	hòumian
드라이클리닝	깐씨	干洗	gānxǐ
드라이하다	추이펑	吹风	chuīfēng
듣다	팅	听	tīng
등	뻬이	背	bèi
등기우편	꾸아하오씬	挂号信	guàhàoxìn

등받이	카오베이	靠背	kàobèi
디스코클럽	띠팅	迪厅	dítīng
디자인	쿠안스	款式	kuǎnshì
따뜻하다	누안후어	暖和	nuǎnhuo
딱딱하다	잉	硬	yìng
딱딱한 좌석	잉쭈어	硬座	yìngzuò
딱딱한 침대	잉워	硬卧	yìngwò
딸	뉘얼	女儿	nǚ'ér
딸기	차오메이	草莓	cǎoméi
때리다	따	打	dǎ
떠나다	리카이	离开	líkāi
뛰다	파오	跑	pǎo
뜨겁다	러	热	rè

라디오	서우인찌	收音机	shōuyīnjī
라면	팡삐엔미엔	方便面	fāngbiànmiàn
러시아	어구어	俄国	Éguó
레몬주스	닝멍즈	柠檬汁	níngméngzhī
렌즈	찡터우	镜头	jìngtou
로비	따팅	大厅	dàtīng
로션	루예	乳液	rǔyè
룸서비스	커팡푸우	客房服务	kèfángfúwù
리셉션	짜오따이후이	招待会	zhāodàihuì
린스	후파수이	护发水	hùfàshuǐ
립스틱	커우훙	口红	kǒuhóng

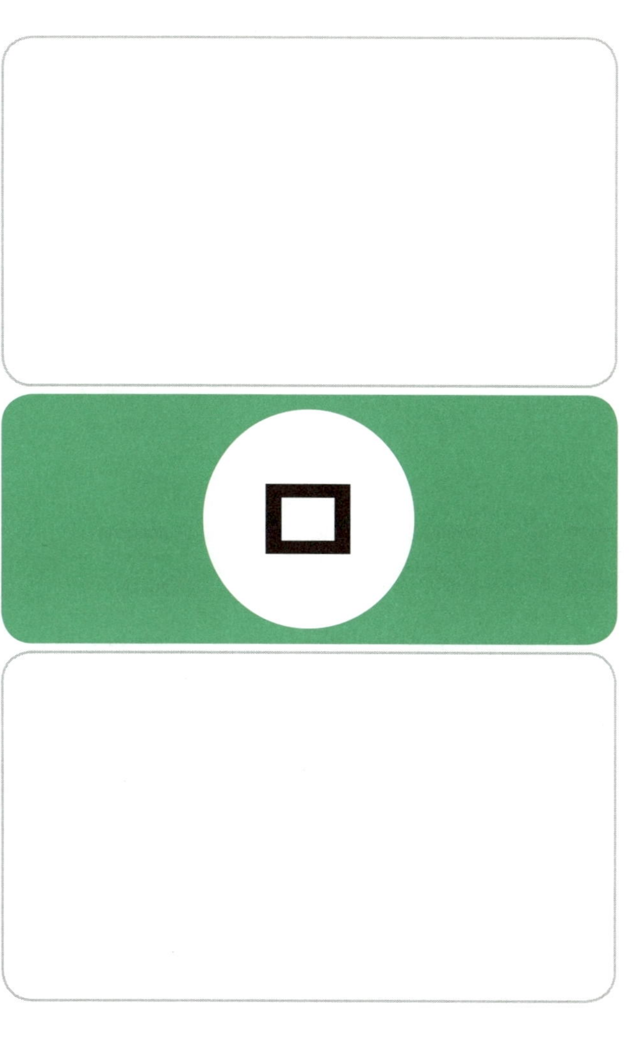

마늘	쑤안	蒜	suàn
마술	모수	魔术	móshù
마시다	허	喝	hē
마요네즈	사라찌앙	沙拉酱	shālājiàng
마중하다	지에	接	jiē
막차	모빤처	末班车	mòbānchē
만, 10000	완	万	wàn
만나다	찌엔미엔	见面	jiànmiàn
만년필	깡비	钢笔	gāngbǐ
만두(소가 없는)	만터우	馒头	mántou
만성병	만씽삥	慢性病	mànxìngbìng
만약	루구어	如果	rúguǒ
많다	뚜어	多	duō
말을 전하다	쭈안까오	转告	zhuǎngào
말하다	수어	说	shuō

맞은편	뚜이미엔	对面	duìmiàn
매니큐어	쯔찌아여우	指甲油	zhǐjiǎyóu
매점	씨아오마이뿌	小卖部	xiǎomàibù
매진	마이완	卖完	màiwán
매표소	서우피아오추	售票处	shòupiàochù
맥도날드	마이땅라오	麦当劳	Màidāngláo
맥주	피지우	啤酒	píjiǔ
맵다	라	辣	là
머리	터우	头	tóu
머리가 어지럽다	터우윈	头晕	tóuyùn
머물다	따이	待	dài
먹다	츠	吃	chī
멀다	위엔	远	yuǎn
멀미약	윈처야오	晕车药	yùnchēyào
메시지	리우옌	留言	liúyán
면도기	후리엔따오	胡脸刀	húliǎndāo

면도날	따오피엔	刀片	dāopiàn
면도하다	꾸아리엔	刮脸	guāliǎn
면세품	미엔수이핀	免税品	miǎnshuìpǐn
명나라	밍차오	明朝	Míngcháo
명승고적	밍성꾸찌	名胜古迹	míngshènggǔjì
몇	지	几	jǐ
모레	허우티엔	后天	hòutiān
모피	마오피	毛皮	máopí
목	뽀쯔	脖子	bózi
목걸이	샹리엔	项链	xiàngliàn
목둘레	뽀웨이	脖围	bōwéi
목마르다	커우커	口渴	kǒukě
목요일	씽치쓰	星期四	xīngqīsì
목적지	무띠띠	目的地	mùdìdì
무	루어뽀	萝卜	luóbo
무도장	우팅	舞厅	wǔtīng

무엇	션머	**什么**	shénme
무역회사	마오이꿍쓰	**贸易公司**	màoyì gōngsī
묵다	쭈	**住**	zhù
문구점	원쮜띠엔	**文具店**	wénjùdiàn
물만두	수이찌아오	**水饺**	shuǐjiǎo
물세탁	수이씨	**水洗**	shuǐxǐ
물약	야오수이	**药水**	yàoshuǐ
미국	메이구어	**美国**	Měiguó
미국인	메이구어런	**美国人**	Měiguórén
미술관	메이수꾸안	**美术馆**	měishùguǎn
미용실	메롱위엔	**美容院**	měiróngyuàn
미터기	찌청삐아오	**计程表**	jìchéngbiǎo
미혼	웨이훈	**未婚**	wèihūn
밀가루	미엔펀	**面粉**	miànfěn
밀다	투이	**推**	tuī

ㄷ

바나나	샹찌아오	香蕉	xiāngjiāo
바리캉	투이쯔	推子	tuīzi
바쁘다	망	忙	máng
바지	쿠쯔	裤子	kùzi
박람회	뽀란후이	博览会	bólǎnhuì
박물관	뽀우꾸안	博物馆	bówùguǎn
반	빤	半	bàn
반신상	빤션샹	半身相	bànshēnxiàng
반지	찌에쯔	戒指	jièzhǐ
반찬	씨아오차이	小菜	xiǎocài
반창고	찌아오뿌	胶布	jiāobù
받다	서우	收	shōu
발	찌아오	脚	jiǎo
발신인	찌씬런	寄信人	jìxìnrén
밥	미판	米饭	mǐfàn

방광	팡꾸앙	膀胱	pángguāng
방문하다	빠이팡	拜访	bàifǎng
방향	팡샹	方向	fāngxiàng
배(인체)	뚜쯔	肚子	dùzi
배(과일)	리	梨	lí
배(교통수단)	추안	船	chuán
배고프다	어	饿	è
배구	파이치우	排球	páiqiú
배낭	뻬이빠오	背包	bèibāo
배드민턴	위마오치우	羽毛球	yǔmáoqiú
배웅하다	쑹	送	sòng
배표	추안피아오	船票	chuánpiào
백, 100	바이	百	bǎi
백금	바이찐	白金	báijīn
백화점	바이후어상띠엔	百货商店	bǎihuòshāngdiàn
버섯	모꾸	蘑菇	mógu

버스	꿍꿍치처	公共汽车	gōnggòngqìchē
버스정류장	꿍꿍치처잔	公共汽车站	gōnggòngqìchēzhàn
버스표	처피아오	车票	chēpiào
버터	황여우	黄油	huángyóu
베개	쩐터우	枕头	zhěntou
베스트셀러	창씨아오수	畅销书	chàngxiāoshū
벼루	옌타이	砚台	yàntái
변경하다	껑환	更换	gènghuàn
변기	마퉁	马桶	mǎtǒng
병실	삥팡	病房	bìngfáng
병원	이위엔	医院	yīyuàn
보다	칸	看	kàn
보라	쯔써	紫色	zǐsè
보석가게	쭈바오띠엔	珠宝店	zhūbǎodiàn
보트	씨아오추안	小船	xiǎochuán
복사기	푸인찌	复印机	fùyìnjī

복숭아	타오	桃	táo
볶다	차오	炒	chǎo
볼링	바오링치우	保龄球	bǎolíngqiú
봄	춘티엔	春天	chūntiān
봉사료	푸우페이	服务费	fúwùfèi
부두	마터우	码头	mǎtóu
부드러운 좌석	루안쭈어	软座	ruǎnzuò
부드러운 침대	루안워	软卧	ruǎnwò
부르다	찌아오	叫	jiào
부속	뿌찌엔	部件	bùjiàn
부채	샨쯔	扇子	shànzi
부추	찌우차이	韭菜	jiǔcài
부치다	찌엔	煎	jiān
북경요리	베이징차이	北京菜	Běijīngcài
북쪽	베이삐엔	北边	běibian
분	펀	分	fēn

분실물	이스우	**遗失物**	yíshīwù
붓	마오비	**毛笔**	máobǐ
붕대	뻥따이	**绷带**	bèngdài
뷔페식	쯔쭈찬	**自助餐**	zìzhūcān
브로치	씨웅쩐	**胸针**	xiōngzhēn
비누	샹짜오	**香皂**	xiāngzào
비디오	루잉찌	**录影机**	lùyǐngjī
비디오테이프	루잉따이	**录影带**	lùyǐngdài
비상구	타이핑먼	**太平门**	tàimíngmén
비싸다	꾸이	**贵**	guì
비자	치엔쩡	**签证**	qiānzhèng
비즈니스클래스	꿍우창	**公务舱**	gōngwùcāng
비행	페이씽	**飞行**	fēixíng
비행기	페이찌	**飞机**	fēijī
빈혈	핀쉬에	**贫血**	pínxuè
빌리다	찌에	**借**	jiè

빗	수쯔	**梳子**	shūzi
빨강	홍써	**红色**	hóngsè
빵	미엔빠오	**面包**	miànbāo
삐다	니우상	**扭伤**	niǔshāng

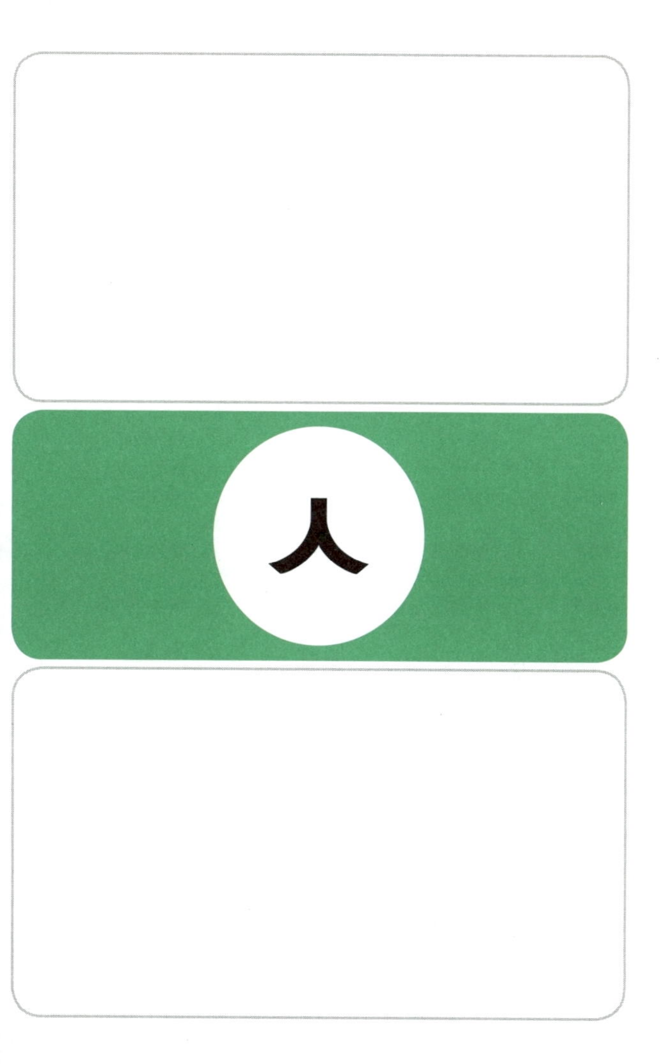
人

사, 4	쓰	四	sì
사과	핑구어	苹果	píngguǒ
사다	마이	买	mǎi
사우나	쌍나	桑拿	sāngná
사이다	치수이	汽水	qìshuǐ
사이렌	징빠오치	警报器	jǐngbàoqì
사장	쫑찡리	总经理	zǒngjīnglǐ
사진	짜오피엔	照片	zhàopiàn
사진기	짜오샹지	照相机	zhàoxiàngjī
사진을 찍다	파이짜오	拍照	pāizhào
사진촬영금지	찐즈파이짜오	禁止拍照	jìnzhǐ pāizhào
사천요리	쓰추안차이	四川菜	Sìchuāncài
사흘	싼티엔	三天	sān tiān
산문	싼원	散文	sǎnwén
산소마스크	양치미엔쮀	氧气面具	yángqìmiànjù

삶다	쭈	**煮**	zhǔ
삼, 3	싼	**三**	sān
상담하다	치아탄	**洽谈**	qiàtán
상의하다	상량	**商量**	shāngliàng
상인	상런	**商人**	shāngrén
상점	상띠엔	**商店**	shāngdiàn
새우	샤	**虾**	xiā
생강	성찌앙	**生姜**	shēngjiāng
생것	성더	**生的**	shēngde
생리대	웨이성찐	**卫生巾**	wèishēngjīn
생리통	퉁찡	**痛经**	tòngjīng
생맥주	성피지우	**生啤酒**	shēngpíjiǔ
생산품	찬핀	**产品**	chǎnpǐn
생산하다	성찬	**生产**	shēngchǎn
생선	위	**鱼**	yú
생선회	성위피엔	**生鱼片**	shēngyúpiàn

샴페인	샹삔지우	香槟酒	xiāngbīnjiǔ
샴푸	시파수이	洗发水	xǐfàshuǐ
서명하다	치엔쯔	签字	qiānzì
서점	수띠엔	书店	shūdiàn
서쪽	씨삐엔	西边	xībian
서커스	짜찌	杂技	zájì
선물가게	리우띠엔	礼物店	lǐwùdiàn
설사하다	라뚜쯔	拉肚子	lādùzi
설탕	탕	糖	tāng
성명	씽밍	姓名	xìngmíng
성별	씽비에	性别	xìngbié
성씨	씽	姓	xìng
성함	꾸이씽	贵姓	guìxìng
세관	하이꾸안	海关	hǎiguān
세관신고서	하이꾸안션빠오딴	海关申报单	hǎiguānshěnbàodān
세금	수이찐	税金	shuìjīn

세탁비	씨이페이	洗衣费	xǐyīfèi
셀프서비스	쯔쭈	自助	zìzhū
셔츠	천산	衬衫	chènshān
셔터	콰이먼	快门	kuàimén
소개하다	찌에사오	介绍	jièshào
소고기	니우러우	牛肉	niúròu
소금	옌	盐	yán
소독약	씨아오뚜야오	消毒药	xiāodúyào
소매치기	파서우	扒手	pāshǒu
소변	씨아오삐엔	小便	xiǎobiàn
소변검사	옌니아오	验尿	yànniào
소설	씨아오수어	小说	xiǎoshuō
소장	씨아오창	小肠	xiǎocháng
소주	샤오지우	烧酒	shāojiǔ
소포	빠오구어	包裹	bāoguǒ
소화불량	씨아오화뿌량	消化不良	xiāohuàbùliáng

소화제	씨아오화찌	消化剂	xiāohuàjì
속도	쑤뚜	速度	sùdù
속옷	네이이	内衣	nèiyī
손	서우	手	shǒu
손님	커런	客人	kèrén
손목시계	서우삐아오	手表	shǒubiǎo
손수건	서우파	手帕	shǒupà
손톱깎이	쯔찌아따오	指甲刀	zhǐjiǎdāo
솔	수아쯔	刷子	shuāzi
솜	미엔치우	棉球	miànqiú
수건	마오찐	毛巾	máijīn
수공품	서우꿍핀	手工品	shǒugōngpǐn
수도꼭지	수이롱터우	水龙头	shuǐlóngtóu
수리하다	씨우리	修理	xiūlǐ
수면제	안미엔야오	安眠药	ānmiányào
수박	씨꾸아	西瓜	xīguā

수신인	서우씬런	收信人	shōuxìnrén
수신자부담전화	뚜이팡푸쿠안띠엔화	对方付款电话	duìfāngfùkuǎndiànhuà
수영	여우융	游泳	yóuyǒng
수영장	여우융츠	游泳池	yóuyǒngchí
수요일	씽치싼	星期三	xīngqīsān
수입품	진커우찬핀	进口产品	jìnkǒuchǎnpǐn
수입하다	찐커우	进口	jìnkǒu
수출하다	추커우	出口	chūkǒu
수표	쯔피아오	支票	zhīpiào
수하물표	씽리피야오	行李票	xínglipiào
숙박부	쭈쑤떵찌삐아오	住宿登记表	zhùsùdēngjìbiǎo
숟가락	사오쯔	勺子	sháozi
술 마시다	허지우	喝酒	hējiǔ
술안주	샤지우차이	下酒菜	xiàjiǔcài
술을 따르다	따오지우	倒酒	dàojiǔ
술집	지우빠	酒吧	jiǔbā

쉬다	씨우시	休息	xiūxi
스낵코너	씨아오츠띠엔	小吃店	xiǎochīdiàn
스위트룸	타오찌엔	套间	tàojiān
스튜어디스	쿵쫑씨아오찌에	空中小姐	kōngzhōngxiǎojiě
슬리퍼	투어씨에	拖鞋	tuōxié
승무원	청우위엔	乘务员	chéngwùyuán
승차하다	상처	上车	shàngchē
시	띠엔	点	diǎn
시금치	뽀차이	菠菜	bōcài
시내 중심가	스쭝씬	市中心	shìzhōngxīn
시내전화	스네이띠엔화	市内电话	shìnèidiànhuà
시다	쑤안	酸	suān
시대	스따이	时代	shídài
시장	스창	市场	shìchǎng
시차	스차	时差	shíchā
식당	찬팅	餐厅	cāntīng

식당차	찬처	餐车	cānchē
식물원	즈우위엔	植物园	zhíwùyuán
식중독	스우쯍두	食物中毒	shíwùzhòngdú
식초	추	醋	cù
식품점	스핀띠엔	食品店	shípǐndiàn
신고하다	빠오징	报警	bàojǐng
신문	빠오즈	报纸	bàozhǐ
신발가게	시에띠엔	鞋店	xiédiàn
신분증번호	쩡지엔하오마	证件号码	zhèngjiànhàomǎ
신장	션짱	肾脏	shēnzàng
신호등	홍뤼떵	红绿灯	hónglǜdēng
심장	씬짱	心脏	xīnzàng
십, 10	스	十	shí
십자로	스쯔루커우	十字路口	shízìlùkǒu
싱글룸	딴런팡	单人房	dānrénfáng
싸다	피엔이	便宜	piányi

| 쌀 | 따미 | 大米 | dàmǐ |
| 쓰다 | 쿠 | 苦 | kǔ |

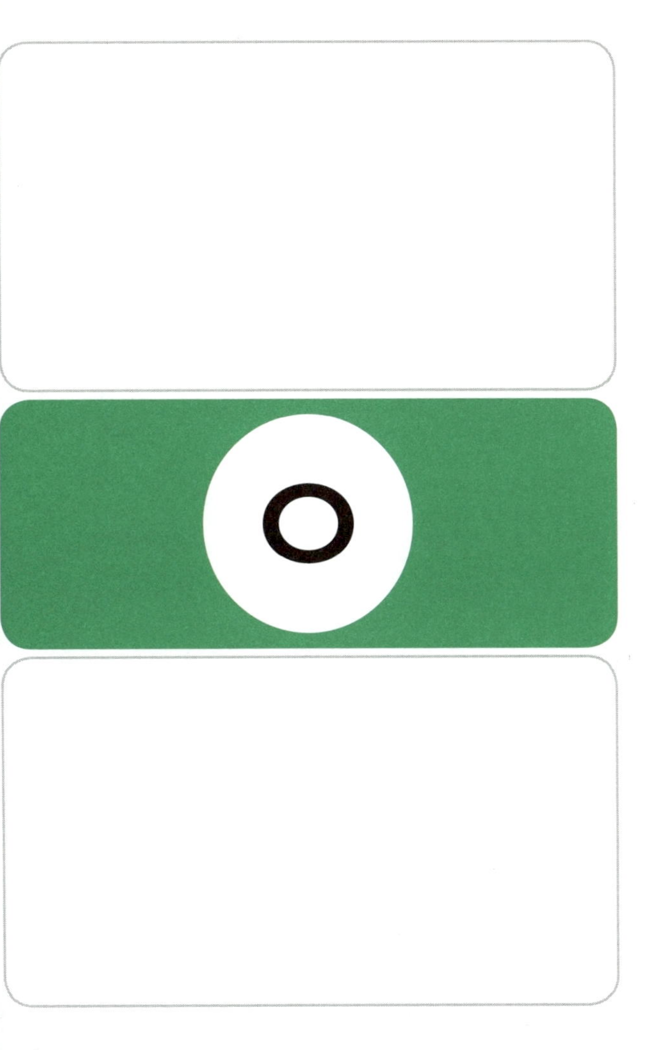

아내	아이런	爱人	àiren
아들	얼쯔	儿子	érzi
아래	샤미엔	下面	xiàmian
아버지	빠바	爸爸	bàba
아스피린	아쓰피린	阿司匹林	āsīpǐlín
아이섀도	옌잉	眼影	yǎnyǐng
아이스크림	삥치린	冰淇淋	bīngqílín
아침	짜오상	早上	zǎoshang
아침식사	짜오판	早饭	zǎofàn
아프다	텅	疼	téng
안내소	쉰원추	询问处	xùnwènchù
안마	안모	按摩	ānmó
안약	옌야오수이	眼药水	yǎnyàoshuǐ
안전금고	바오씨엔꾸이	保险柜	bǎoxiānguì
앉다	쭈어	坐	zuò

알리다	까오쑤	告诉	gàosu
알약	야오피엔	药片	yàopiàn
알코올	지우찡	酒精	jiǔjīng
암	아이	癌	ái
앞	치엔미엔	前面	qiánmian
야구	빵치우	棒球	bàngqiú
야식	예씨아오	夜宵	yèxiāo
야채	수차이	蔬菜	shūcài
약국	야오띠엔	药店	yàodiàn
약속	위에후이	约会	yuēhuì
약속하다	위에	约	yuē
약을 먹다	츠야오	吃药	chīyào
약을 짓다	카이야오	开药	kāiyào
양복	씨푸	西服	xīfú
양식집	씨찬팅	西餐厅	xīcāntīng
양약	씨야오	西药	xīyào

양장점	차이펑띠엔	裁缝店	cáiféngdiàn
양파	양총	洋葱	yángcōng
어깨	찌엔빵	肩膀	jiānbǎng
어느 것	나	哪	nǎ
어느 것들	나씨에	哪些	nǎxiē
어떻게	쩐머	怎么	zěnme
어머니	마마	妈妈	māma
어제	쭈어티엔	昨天	zuótiān
언니	찌에지에	姐姐	jiějie
얼마	뚜어사오	多少	duōshao
에어컨	쿵티아오	空调	kōngtiáo
엘리베이터	띠엔티	电梯	diàntī
여객선	커추안	客船	kèchuán
여권	후짜오	护照	hùzhào
여동생	메이메이	妹妹	mèimei
여러분	따찌아	大家	dàjiā

여름	샤티엔	夏天	xiàtiān
여행	뤼씽	旅行	lǚxíng
여행	뤼여우	旅游	lǚyóu
여행객	뤼커	旅客	lǚkè
여행사	뤼씽셔	旅行社	lǚxíngshè
여행안내도	뤼여우투	旅游图	lǚyóutú
여행자수표	뤼씽쯔피아오	旅行支票	lǚxíngzhīpiào
여행지	뤼여우띠엔	旅游点	lǚyóudiǎn
역사	리스	历史	lìshǐ
연결하다	쭈안	转	zhuǎn
연고	야오까오	药膏	yàogāo
연극	화쥐	话剧	huàjù
연락하다	리엔씨	联系	liánxì
연장하다	옌창	延长	yáncháng
연한 커피	딴카페이	淡咖啡	dànkāfēi
열나다	파사오	发烧	fāshāo

열다	카이	**开**	kāi
열차번호	처츠	**车次**	chēcì
열차시각표	리에처스커비아오	**列车时刻表**	lièchēshíkèbiǎo
염색하다	란파	**染发**	rǎnfà
엽서	밍씬피엔	**明信片**	míngxìnpiàn
영국	잉구어	**英国**	Yīngguó
영화	띠엔잉	**电影**	diànyǐng
옆	팡삐엔	**旁边**	pángbian
예매	위서우	**预售**	yùshòu
예쁘다	피아오량	**漂亮**	piàoliang
예약	위띵	**预订**	yùdìng
오, 5	우	**五**	wǔ
오늘	찐티엔	**今天**	jīntiān
오다	라이	**来**	lái
오렌지주스	청즈	**橙汁**	chéngzhī
오른쪽	여우삐엔	**右边**	yòubian

오리고기	야러우	鸭肉	yāròu
오빠	꺼거	哥哥	gēge
오이	황꾸아	黄瓜	huángguā
오전	상우	上午	shàngwǔ
오후	샤우	下午	xiàwǔ
옥	위	玉	yù
옥수수	위미	玉米	yùmǐ
온천	원취엔	温泉	wēnquǎn
옷가게	푸주앙띠엔	服装店	fúzhuāngdiàn
완공	완꿍	完工	wángōng
완구점	완쥐띠엔	玩具店	wánjùdiàn
완성품	청핀	成品	chéngpǐn
왜	웨이션머	为什么	wèishénme
왜냐하면	인웨이	因为	yīnwèi
외국인	와이구어런	外国人	wàiguórén
왼쪽	쭈어삐엔	左边	zuǒbian

요구르트	쑤안나이	酸奶	suānnǎi
요금	처페이	车费	chēfèi
요통	야오퉁	腰痛	yāotòng
욕실	시짜오찌엔	洗澡间	xǐzǎojiān
우롱차	우롱차	乌龙茶	wūlóngchá
우리	워먼	我们	wǒmen
우체국	여우쥐	邮局	yóujú
우체통	여우샹	邮箱	yóuxiāng
우표	여우피아오	邮票	yóupiào
우회전	여우쭈안	右转	yòuzhuǎn
운전기사	쓰찌	司机	sījī
울다	쿠	哭	kū
웃다	씨아오	笑	xiào
원가	청번	成本	chéngběn
원료	위엔리아오	原料	yuánliào
원피스	리엔이췬	连衣裙	liányīqún

월	위에	月	yuè
월요일	씽치이	星期一	xīngqīyī
웹사이트	왕예	网页	wǎngyè
위(방향)	상미엔	上面	shàngmian
위(인체)	웨이	胃	wèi
위스키	웨이스찌	威士忌	wēishìjì
위염	웨이옌	胃炎	wèiyán
위장약	창웨이야오	肠胃药	chángwèiyào
위치	웨이즈	位置	wèizhì
유람선	여우추안	游船	yóuchuán
유료화장실	서우페이처쑤어	收费厕所	shōufèicèsuǒ
유명브랜드	밍파이	名牌	míngpái
유방	루팡	乳房	rǔfáng
유학	리우쉬에	留学	liúxué
유행하다	리우씽	流行	liúxíng
육, 6	리우	六	liù

육교	티엔치아오	天桥	tiānqiáo
은	인	银	yín
은행	인항	银行	yínháng
음악회	인위에후이	音乐会	yīnyuèhuì
응급실	지쩐스	急诊室	jízhěnshì
의사	이성	医生	yīshēng
이, 2	얼	二	èr
이것	쩌	这	zhè
이것들	쩌씨에	这些	zhèxiē
이등선실	얼떵창	二等舱	èrděngcāng
이렇게	쩌양	这样	zhèyàng
이륙하다	치페이	起飞	qǐfēi
이를 뽑다	빠야	拔牙	báyá
이름	밍쯔	名字	míngzi
이마	어터우	额头	étou
이메일	띠엔쯔여우지엔	电子邮件	diànzǐyóujiàn

이발사	리파스	理发师	lǐfàshī
이발소	리파띠엔	理发店	lǐfàdiàn
이코노미클래스	찡찌창	经济舱	jīngjìcāng
이틀	량티엔	两天	liǎng tiān
인기가 있다	서우환잉	受欢迎	shòu huānyíng
인민폐	런민삐	人民币	Rénmínbì
인부	꿍런	工人	gōngrén
인터넷	왕루어	网络	wǎngluò
인터넷에 접속하다	상왕	上网	shàngwǎng
인터넷주소	왕즈	网址	wǎngzhǐ
일	하오	号	hào
일, 1	이	一	yī
일등선실	터우떵창	头等舱	tóuděngcāng
일반우편	핑씬	平信	píngxìn
일방통행로	딴씽따오	单行道	dānxíngdào
일본	르뻔	日本	Rìběn

일본인	르뻔런	日本人	Rìběnrén
일어나다	치라이	起来	qǐlái
일요일	씽치티엔	星期天	xīngqītiān
일자	르치	日期	rìqī
일회용밴드	추앙커티에	创可贴	chuàngkětiē
읽다	니엔	念	niàn
잃다	띠우	丢	diū
임금	꿍쯔	工资	gōngzī
입	쭈이	嘴	zuǐ
입구	루커우	入口	rùkǒu
입국	루찡	入境	rùjìng
입국카드	루찡떵찌카	入境登记卡	rùjìng dēngjìkǎ
입원하다	쭈위엔	住院	zhùyuàn
입장권	먼피아오	门票	ménpiào

ㅈ

자기	쯔워	**自我**	zìwǒ
자기소개	쯔워찌에사오	**自我介绍**	zìwǒ jièshào
자다	수이찌아오	**睡觉**	shuìjiào
자동문	쯔뚱먼	**自动门**	zìdòngmén
자리	웨이쯔	**位子**	wèizi
자본금	뻔치엔	**本钱**	běnqián
자전거	쯔씽처	**自行车**	zìxíngchē
작가	쭈어찌아	**作家**	zuòjiā
작년	취니엔	**去年**	qùnián
작다	씨아오	**小**	xiǎo
작업시간	꿍스	**工时**	gōngshí
작업장	처찌엔	**车间**	chējiān
잔돈	링치엔	**零钱**	língqián
잔을 들다	쮜뻬이	**举杯**	jǔbēi
잡다	쭈아	**抓**	zhuā

잡지	짜쯔	杂志	zázhì
잡화점	짜후어띠엔	杂货店	záhuòdiàn
장거리버스	창투치처	长途汽车	chángtúqìchē
장거리전화	창투띠엔화	长途电话	chángtúdiànhuà
재스민차	모리화차	茉莉花茶	mòlìhuāchá
재킷	찌아커	夹克	jiākè
쟁반	판쯔	盘子	pánzi
저것	나	那	nà
저것들	나씨에	那些	nàxiē
저녁	완상	晚上	wǎnshang
저녁식사	완판	晚饭	wǎnfàn
저렇게	나양	那样	nàyàng
저혈압	띠쉬에야	低血压	dīxuèyā
적다	샤오	少	shǎo
전기용품점	띠엔치상띠엔	电器商店	diànqìshāngdiàn
전신상	취엔셴샹	全身相	quánshēnxiàng

전화	띠엔화	电话	diànhuà
전화를 걸다	따띠엔화	打电话	dǎ diànhuà
전화를 받다	찌에띠엔화	接电话	jiē diànhuà
전화번호	띠엔화하오마	电话号码	diànhuàhàomǎ
전화부스	띠엔화팅	电话亭	diànhuàtíng
전화비	띠엔화페이	电话费	diànhuàfèi
전화카드	띠엔화카	电话卡	diànhuàkǎ
점심	쫑우	中午	zhōngwǔ
점심식사	우판	午饭	wǔfàn
접대하다	짜오따이	招待	zhāodài
접수창구	꾸아하오추	挂号处	guàhàochù
접시	띠에쯔	碟子	diézi
젓가락	콰이쯔	筷子	kuàizi
정거장	처잔	车站	chēzhàn
제조하다	쯔짜오	制造	zhìzào
조끼	뻬이씬	背心	bèixīn

조리다	뚠	炖	dùn
조미료	웨이찡	味精	wèijīng
종착역	쫑띠엔잔	终点站	zhōngdiǎnzhàn
좌석	쭈어웨이	座位	zuòwèi
좌석번호	쭈어웨이하오마	座位号码	zuòwèi hàomǎ
좌회전	쭈어쭈안	左转	zuǒzhuǎn
주다	게이	给	gěi
주사맞다	따전	打针	dǎzhēn
주스	구어즈	果汁	guǒzhī
주인	주런	主人	zhǔrén
죽순	쭈쑨	竹笋	zhúsǔn
중국	쫑구어	中国	Zhōngguó
중국음식	쫑구어차이	中国菜	Zhōngguócài
중국인	쫑구어런	中国人	Zhōngguórén
지도하다	즈찌아오	指教	zhǐjiào
지명전화	찌아오런띠엔화	叫人电话	jiàoréndiànhuà

지배인	찡리	经理	jīnglǐ
지폐	차오피아오	钞票	chǎopiào
지하도	띠샤퉁따오	地下通道	dìxiàtōngdào
지하철역	띠티에잔	地铁站	dìtiězhàn
직업	즈예	职业	zhíyè
직원	즈위엔	职员	zhíyuán
직장	꿍쭈어딴웨이	工作单位	gōngzuò dānwèi
직진	즈쩌우	直走	zhízǒu
직통급행열차	즈콰이	直快	zhíkuài
직행	즈다	直达	zhídá
진정제	쩐찡찌	镇静剂	zhènjìngjì
진주	쩐주	珍珠	zhēnzhū
진찰실	먼쩐뿌	门诊部	ménzhěnbù
진찰하다	칸삥	看病	kànbìng
진통제	즈퉁피엔	止痛片	zhǐtòngpiàn
진한 커피	농카페이	浓咖啡	nòngkāfēi

짐	씽리	**行李**	xíngli
집주소	찌아팅띠즈	**家庭地址**	jiātíng dìzhǐ
짜다	씨엔	**咸**	xián
짧다	뚜안	**短**	duǎn
찌다	쩡	**蒸**	zhēng

차다	렁	冷	lěng
차를 갈아타다	환처	换车	huànchē
차번호	처하오	车号	chēhào
차사고	처후어	车祸	chēhuò
차표	처피어오	车票	chēpiào
착륙하다	찌앙루어	降落	jiàngluò
참기름	샹여우	香油	xiāngyóu
참깨	즈마	芝麻	zhīmá
찾다	자오	找	zhǎo
천, 1000	치엔	千	qiān
천식	치우찬삥	气喘	qìchuǎn
철로	티에루	铁路	tiělù
첫차	터우빤처	头班车	tóubānchē
청나라	칭차오	清朝	Qīngcháo
청량음료	렁인	冷饮	lěngyǐn

체류기간	떠우리우치지엔	**逗留期间**	dòuliúqījiān
체온	티원	**体温**	tǐwēn
체크아웃	투이팡	**退房**	tuìfáng
체크인	떵찌	**登记**	dēngjì
초록	뤼써	**绿色**	lùsè
총액	쫑어	**总额**	zǒng'é
추가비용	찌아페이	**加费**	jiāfèi
축구	쭈치우	**足球**	zúqiú
출구	루커우	**出口**	chūkǒu
출국장	추파따팅	**出发大厅**	chūfādàtīng
출근하다	상빤	**上班**	shàngbān
출발역	스파잔	**始发站**	shǐfāzhàn
출발지	추파띠	**出发地**	chūfādì
출석하다	추씨	**出席**	chūxí
출장	추차이	**出差**	chūchāi
출항하다	추항	**出航**	chūháng

춤추다	티아오우	跳舞	tiàowǔ
춥다	렁	冷	lěng
치마	췬쯔	裙子	qúnzi
치수	츠춘	尺寸	chǐcun
치약	야까오	牙膏	yágāo
치즈	치쓰	起司	qǐsī
치킨	짜찌	炸鸡	zhájī
치통	야퉁	牙痛	yátòng
친구	펑여우	朋友	péngyou
친척방문	탄친	探亲	tānqīn
칠, 7	치	七	qī
침대	추앙	床	chuáng
침대시트	추앙딴	床单	chuángdān
침대차	워푸처	卧铺车	wòpùchē
칫솔	야수아	牙刷	yáshuā

카드놀이를 하다	따파이	**打牌**	dǎpái
카페리	뚜룬	**渡轮**	dùlún
칵테일	찌웨이지우	**鸡尾酒**	jīwěijiǔ
칸막이	꺼빤	**隔板**	gébǎn
칼	따오	**刀**	dāo
캐나다	찌아나따	**加拿大**	Jiānádà
캐디	치우퉁	**球童**	qiútóng
커피숍	카페이팅	**咖啡厅**	kāfēitīng
컴퓨터	띠엔나오	**电脑**	diànnǎo
컵	뻬이쯔	**杯子**	bēizi
케이블카	란처	**缆车**	lǎnchē
케이에프씨(KFC)	컨더찌	**肯德基**	Kěndéjī
코	비쯔	**鼻子**	bízi
코코아	커커	**可可**	kěkě
콘서트	옌창후이	**演唱会**	yǎnchànghuì

콜라	커러	可乐	kělè
콤팩트	펀삥	粉饼	fěnbǐng
콩	따떠우	大豆	dàdòu
크기	따씨아오	大小	dàxiǎo
크다	따	大	dà
크림	팡사이수앙	防晒霜	fángshàishuāng
큰길	따찌에	大街	dàjiē

탁구	핑팡치우	乒乓球	pīngpāngqiú
탑승구	떵찌커우	登机口	dēngjīkǒu
탑승권	떵찌파이	登机牌	dēngjīpái
태국	타이구어	泰国	Tàiguó
택시	추쭈처	出租车	chūzūchē
택시승강장	추쭈처잔	出租车站	chūzūchēzhàn
턱	샤빠	下巴	xiàba
테니스	왕치우	网球	wǎngqiú
텔레비전	띠엔스	电视	diànshì
토마토케첩	판치에찌앙	番茄酱	fāqiéjiàng
토요일	씽치리우	星期六	xīngqīliù
통관	퉁꾸안	通关	tōngguān
퇴근하다	샤빤	下班	xiàbān
퇴원하다	추위엔	出院	chūyuàn
투피스	타오췬	套裙	tàoqún

튀기다	짜	炸	zhá
트롤리버스	우꾸이띠엔처	无轨电车	wúguǐdiànchē
트윈룸	수앙런팡	双人房	shuāngrénfáng
특별급행열차	터콰이	特快	tèkuài
티셔츠	T쉬싼	T恤衫	T xùshān
팁	씨아오페이	小费	xiǎofèi

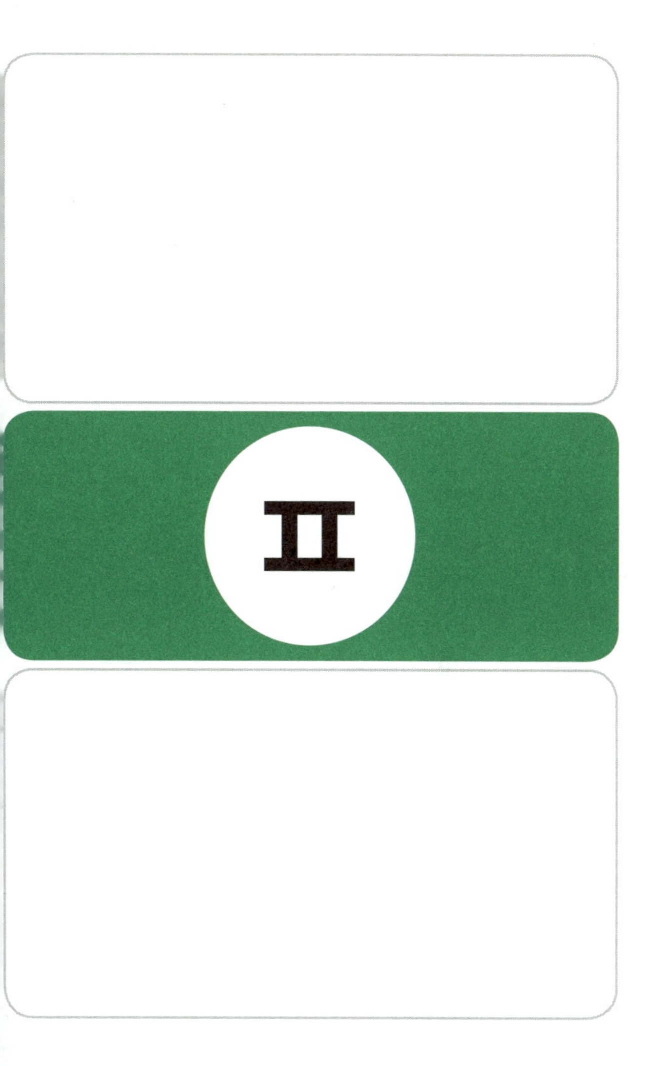

ㅍ

파	총	葱	cōng
파랑	란써	蓝色	lánsè
파마하다	탕파	烫发	tàngfà
파인애플	펑리	凤梨	fènglí
파출소	파이추쑤어	派出所	pàichūsuǒ
파티	옌후이	宴会	yànhuì
팔(신체)	꺼뽀	胳膊	gēbo
팔, 8	빠	八	bā
팔다	마이	卖	mài
팔찌	서우쭈어	手镯	shǒuzhuó
팥	훙씨아오떠우	红小豆	hóngxiǎodòu
패스트푸드	콰이찬	快餐	kuàicān
팩스	추안전	传真	chuánzhēn
팬티	네이쿠	内裤	nèikù
퍼스트클래스	터우떵창	头等舱	tóuděngcāng

편지봉투	씬펑	信封	xìnfēng
편지지	씬즈	信纸	xìnzhǐ
폐	페이	肺	fèi
포도	푸타오	葡萄	pútao
포도주	푸타오지우	葡萄酒	pútaojiǔ
포도주스	푸타오즈	葡萄汁	pútaozhī
포크	차쯔	叉子	chāzi
포터	씽리위엔	行李员	xíngliyuán
품질	즈량	质量	zhìliàng
풍경	펑찡	风景	fēngjǐng
프랑스	파구어	法国	Fǎguó
프론트	푸우타이	服务台	fúwùtái
프린터	따인찌	打印机	dǎyìnjī
플래시	산꾸앙떵	闪光灯	shǎnguāndēng
플랫폼	위에타이	月台	yuètái
피자	비싸삥	比萨饼	bǐsàbǐng

| 피자헛 | 삐성커 | **必胜客** | Bishèngkè |

흥

하루	이티엔	**一天**	yì tiān
하양	바이써	**白色**	báisè
하지만	부꾸어	**不过**	búguò
하차하다	샤처	**下车**	xiàchē
한국	한구어	**韩国**	Hánguó
한국인	한구어런	**韩国人**	Hánguórén
한나라	한차오	**汉朝**	Hàncháo
한식집	한구어찬팅	**韩国餐厅**	Hánguó cāntīng
한약	쭝야오	**中药**	zhōngyào
한화	한삐	**韩币**	Hánbì
할머니	나이나이	**奶奶**	nǎinai
할아버지	예예	**爷爷**	yéye
할인가	저찌아	**折价**	zhéjià
할증요금	푸찌아페이	**附加费**	fùjiāfèi
항공권	찌피아오	**机票**	jīpiào

항공우편	항쿵씬	航空信	hángkōngxìn
항공편 번호	항빤하오	航班号	hángbānhào
해산물	하이씨엔	海鲜	hǎixiān
햄버거	한바오빠오	汉堡包	hànbǎobāo
향기롭다	샹	香	xiāng
향수	샹수이	香水	xiāngshuǐ
향채	샹차이	香菜	xiāngcài
허리둘레	야오웨이	腰围	yāowéi
헤어스타일	파씽	发型	fàxíng
헤어지다	펀비에	分别	fēnbié
헬스클럽	찌엔션팡	健身房	jiànshēnfáng
현금	씨엔찐	现金	xiànjìn
혈당	쉬에탕	血糖	xuètáng
혈압	쉬에야	血压	xuèyā
혈액	쉬에예	血液	xuèyè
형	꺼거	哥哥	gēge

호박	난꾸아	南瓜	nánguā
홍차	홍차	红茶	hóngchá
화상	탕상	烫伤	tàngshāng
화요일	씽치얼	星期二	xīngqī'èr
화장실	시서우지엔	洗手间	xǐshǒujiān
화장품가게	화주앙핀띠엔	化妆品店	huàzhuāngpǐndiàn
환전소	뚜이환추	兑换处	duìhuànchù
활주로	파오따오	跑道	pǎodào
황궁	황꿍	皇宫	huánggōng
황제	황띠	皇帝	huángdì
회사	꿍쓰	公司	gōngsī
회색	후이써	灰色	huīsè
회의	후이이	会议	huìyì
회의를 열다	카이후이	开会	kāihuì
횡단보도	런씽헝따오	人行横道	rénxínghéngdào
후추	후찌아오	胡椒	hújiāo

훔치다	터우	**偷**	tōu
휴대전화	서우찌	**手机**	shǒujī
휴지	웨이성즈	**卫生纸**	wèishēngzhǐ
흥정하다	타오찌아환찌아	**讨价还价**	tǎojiàhuánjià
희극	씨쮜	**戏剧**	xìjù

관련 단어 찾기
부록
II

숫자

1	이	一	yī
2	얼	二	èr
3	싼	三	sān
4	쓰	四	sì
5	우	五	wǔ
6	리우	六	liù
7	치	七	qī
8	빠	八	bā
9	지우	九	jiǔ
10	스	十	shí
11	스이	十一	shíyī
12	스얼	十二	shí'èr
13	스싼	十三	shísān
14	스쓰	十四	shísì
15	스우	十五	shíwǔ

20	얼스	二十	èrshí
30	싼스	三十	sānshí
40	쓰스	四十	sìshí
50	우스	五十	wǔshí
60	리우스	六十	liùshí
70	치스	七十	qīshí
80	빠스	八十	bāshí
90	지우스	九十	jiǔshí
100	이바이	一百	yìbǎi
200	량바이	两百	liǎngbǎi
300	싼바이	三百	sānbǎi
400	쓰바이	四百	sìbǎi
500	우바이	五百	wǔbǎi
1000	이치엔	一千	yìqiān
10000	이완	一万	yíwàn

1년	이 니엔	一年	yì nián
2년	량 니엔	两年	liǎng nián
3년	싼 니엔	三年	sān nián
4년	쓰 니엔	四年	sì nián
5년	우 니엔	五年	wǔ nián
6년	리우 니엔	六年	liù nián
7년	치 니엔	七年	qī nián
8년	빠 니엔	八年	bā nián
9년	지우 니엔	九年	jiǔ nián
10년	스 니엔	十年	shí nián
재작년	치엔니엔	前年	qiánnián
작년	취니엔	去年	qùnián
올해	진니엔	今年	jīnnián
내년	밍니엔	明年	míngnián
내후년	허우니엔	后年	hòunián

1월	이 위에	一月	yī yuè
2월	얼 위에	二月	èr yuè
3월	싼 위에	三月	sān yuè
4월	쓰 위에	四月	sì yuè
5월	우 위에	五月	wǔ yuè
6월	리우 위에	六月	liù yuè
7월	치 위에	七月	qī yuè
8월	빠 위에	八月	bā yuè
9월	지우 위에	九月	jiǔ yuè
10월	스 위에	十月	shí yuè
11월	스이 위에	十一月	shíyī yuè
12월	스얼 위에	十二月	shí'èr yuè
몇 월	지 위에	几月	jǐ yuè
몇 개월	지 거 위에	几个月	jǐ ge yuè
지난 달	샹 거 위에	上个月	shàng ge yuè
이번 달	쩌거 위에	这个月	zhège yuè
다음 달	샤 거 위에	下个月	xià ge yuè

1일	이 하오	一号	yī hào
3일	싼 하오	三号	sān hào
7일	치 하오	七号	qī hào
9일	지우 하오	九号	jiǔ hào
12일	스얼 하오	十二号	shí'èr hào
14일	스쓰 하오	十四号	shísì hào
16일	스류 하오	十六号	shíliù hào
20일	얼스 하오	二十号	èrshí hào
25일	얼스우 하오	二十五号	èrshíwǔ hào
31일	싼시이 하오	三十一号	sānshíyī hào
그저께	치엔티엔	前天	qiántiān
어제	쭈어티엔	昨天	zuótiān
오늘	찐티엔	今天	jīntiān
내일	밍티엔	明天	míngtiān
모레	허우티엔后天	hòutiān	hòunián

요일

월요일	씽치이	星期一	xīngqīyī
화요일	씽치얼	星期二	xīngqī'èr
수요일	씽치싼	星期三	xīngqīsān
목요일	씽치쓰	星期四	xīngqīsì
금요일	씽치우	星期五	xīngqīwǔ
토요일	씽치리우	星期六	xīngqīliù
일요일	씽치티엔	星期天	xīngqītiān
무슨 요일	씽치 지	星期几	xīngqī jǐ
지지난 주	샹 샹 거 씽치	上上个星期	shàng shàng ge xīngqī
지난 주	샹 거 씽치	上个星期	shàng ge xīngqī
이번 주	쩌거 씽치	这个星期	zhege xīngqī
다음 주	샤 거 씽치	下个星期	xià ge xīngqī
다다음 주	샤 샤 거 씽치	下下个星期	xià xià ge xīngqī
1주일	이 거 씽치	一个星期	yí ge xīngqī
2주일	량 거 씽치	两个星期	liǎng ge xīngqī

시간

오전	샹우	**上午**	shàngwǔ
정오	쭝우	**中午**	zhōngwǔ
오후	샤우	**下午**	xiàwǔ
아침	짜오상	**早上**	zǎoshang
저녁	완상	**晚上**	wǎnshang
1시	이 띠엔	**一点**	yì diǎn
2시	량 띠엔	**两点**	liǎng diǎn
3시	싼 띠엔	**三点**	sān diǎn
5시	우 띠엔	**五点**	wǔ diǎn
8시	빠 띠엔	**八点**	bā diǎn
12시	스얼 띠엔	**十二点**	shí'èr diǎn
5분	우 펀	**五分**	wǔ fēn
10분	스 펀	**十分**	shí fēn
15분	이 커	**一刻**	yí kè
30분	빤	**半**	bàn
45분	싼 커	**三刻**	sān kè

한글	발음	중국어	병음
한 명	이 거 런	一个人	yí ge rén
두 명	량 거 런	两个人	liǎng ge rén
세 명	싼 거 런	三个人	liǎng ge rén
네 명	쓰 거 런	四个人	sì ge rén
다섯 명	우 거 런	五	wǔ ge rén
여섯 명	리우 거 런	六个人	liù ge rén
일곱 명	치 거 런	七个人	qī ge rén
여덟 명	빠 거 런	八个人	bā ge rén
아홉 명	지우 거 런	九个人	jiǔ ge rén
열 명	스 거 런	十个人	shí ge rén
열한 명	스이 거 런	十一个人	shíyī ge rén
열두 명	스얼 거 런	十二个人	shí'èr ge rén
스무 명	얼스 거 런	二十个人	èrshí ge rén
서른 명	싼스 거 런	三十个人	sānshí ge rén
마흔 명	쓰스 거 런	四十个人	sìshí ge rén
백 명	이바이 거 런	一百个人	yìbǎi ge rén

방향

위	샹미엔	上面	shàngmian
아래	샤미엔	下面	xiàmian
앞	치엔미엔	前面	qiánmian
뒤	허우미엔	后面	hòumian
안	리미엔	里面	lǐmian
밖	와이미엔	外面	wàimian
옆	팡삐엔	旁边	pángbian
오른쪽	여우삐엔	右边	yòubian
왼쪽	쭈어삐엔	左边	zuǒbian
맞은편	뚜이미엔	对面	duìmiàn
동쪽	뚱삐엔	东边	dōngbian
서쪽	씨삐엔	西边	xībian
남쪽	난삐엔	南边	nánbian
북쪽	뻬이삐엔	北边	běibian

봄	춘티엔	春天	chūntin
여름	샤티엔	夏天	xiàtiān
가을	치우티엔	秋天	qiūtiān
겨울	뚱티엔	冬天	dōngtiān
춥다	렁	冷	lěng
덥다	러	热	rè
맑다	칭	晴	qíng
흐리다	인	阴	yīn
비	위	雨	yǔ
소나기	레이쩐위	雷阵雨	léizhènyǔ
눈	쉬에	雪	xuě
우박	삥빠오	冰雹	bīngbáo
서리	수앙	霜	shuāng
구름	윈	云	yún
바람	펑	风	fēng
안개	우	雾	wù

인체

눈	옌찡	**眼睛**	yǎnjing
코	비쯔	**鼻子**	bízi
입	쭈이바	**嘴巴**	zuǐba
귀	얼뚸어	**耳朵**	ěrduo
손	서우	**手**	shǒu
발	찌아오	**脚**	jiǎo
팔	꺼뽀	**胳膊**	gēbo
다리	투이	**腿**	tuǐ
무릎	씨까이	**膝盖**	xīgài
어깨	찌엔빵	**肩膀**	jiānbǎng
배	뚜쯔	**肚子**	dùzi
목	뽀쯔	**脖子**	bózi
머리	터우	**头**	tóu
얼굴	리엔	**脸**	liǎn
치아	야츠	**牙齿**	yáchǐ
피부	피푸	**皮肤**	pífū

장소

병원	이위엔	医院	yīyuàn
우체국	여우쥐	邮局	yóujú
도서관	투수꾸안	图书馆	túshūguǎn
박물관	뽀우꾸안	博物馆	bówùguǎn
미술관	메이수꾸안	美术馆	měishùguǎn
동물원	뚱우위엔	动物园	dòngwùyuán
공원	꿍위엔	公园	gōngyuán
놀이공원	여우러위엔	游乐园	yóulèyuán
경찰서	징차쥐	警察局	jǐngchájú
대사관	따스꾸안	大使馆	dàshǐguàn
시장	스창	市场	shìchǎng
백화점	바이후어상띠엔	百货商店	bǎihuòshāngdiàn
부두	마터우	码头	mǎtou
기차역	후어처짠	火车站	huǒchēzhàn
공항	찌창	机场	jīchǎng
호텔	판띠엔	饭店	fàndiàn

성씨

김	찐	金	Jīn
이	리	李	Lǐ
박	피아오	朴	Piáo
최	추이	崔	Cuī
배	페이	裴	Péi
신	션	申	Shēn
조	짜오	赵	Zhào
강	찌앙	姜	Jiāng
황	황	黄	Huáng
안	안	安	Ān
장	짱	张	Zhāng
왕	왕	王	Wáng
양	량	梁	Liáng
유	리우	刘	Liú
송	쑹	宋	Sòng
권	취엔	权	Quán

가족

할아버지	예예	**爷爷**	yéye
할머니	나이나이	**奶奶**	nǎinai
아버지	빠바	**爸爸**	bàba
어머니	마마	**妈妈**	māma
누나, 언니	찌에지에	**姐姐**	jiějie
형, 오빠	꺼거	**哥哥**	gēge
남동생	띠디	**弟弟**	dìdi
여동생	메이메이	**妹妹**	mèimei
큰아빠	뽀푸	**伯父**	bófù
작은아빠	수수	**叔叔**	shūshu
이모	아이	**阿姨**	āyí
남편	짱푸	**丈夫**	zhàngfu
아내	타이타이	**太太**	tàitai
아들	얼쯔	**儿子**	érzi
딸	뉘얼	**女儿**	nǚ'ér
손자	쑨쯔	**孙子**	sūnzǐ
손녀	쑨뉘	**孙女**	sūnnǚ

직업

회사원	꿍쓰즈위엔	公司职员	gōngsī zhíyuán
주부	취엔즈타이타이	全职太太	quánzhí tàitai
공무원	꿍우위엔	公务员	gōngwùyuán
상인	샹런	商人	shāngrén
의사	이성	医生	yīshēng
간호사	후스	护士	hùshi
변호사	뤼스	律师	lǜshī
경찰	징차	警察	jǐngchá
비서	미수	秘书	mìshū
통역	판이	翻译	fānyì
교사	라오스	老师	lǎoshī
배우	옌위엔	演员	yǎnyuán
가수	꺼서우	歌手	gēshǒu
운전기사	쓰찌	司机	sījī
기술자	꿍청스	工程师	gōngchéngshī
요리사	추스	厨师	chúshī
작가	쭈어찌아	作家	zuòjiā

부록 III

중국 문화 알기

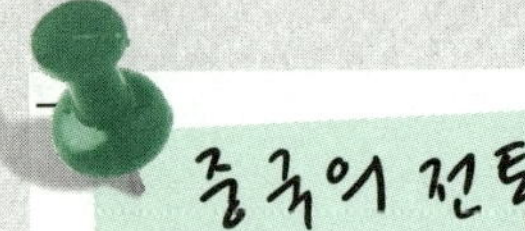

● 춘절(春节 Chūnjié)

음력 1월 1일. 중국 최대의 명절이다. 공식 휴무일은 사흘 쉬지만 앞뒤 토요일과 일요일을 붙여 7일을 쉰다. 대부분의 회사는 먼 지역에서 온 노동자를 고려하여 15일 정도 쉬는 것이 일반적이다. 폭죽을 터뜨려 새해의 도래를 축하하며 소가 있는 만두인 교자(饺子), 설떡에 해당하는 연고(年糕), 1년 중 가장 풍성한 식사를 뜻하는 단원반(团圆饭)을 먹는 풍습이 있다. 우리와 같이 아이들에게 세뱃돈을 주기도 한다. 세뱃돈을 줄 때는 빨간색 봉투에 넣어 준다.

● 원소절(元宵节 Yuánxiāojié)

음력 1월 15일. 우리의 정월대보름에 해당한다. 옛날 한나라 무제가 궁중에 등불을 달아 제사 지내던 풍습을 이어받아 거리나 사찰 등에 오색찬란한 등을 단다. 설탕 소를 넣어 새알심 모양으로 만든 찰떡경단인 원소(元宵)를 삶아 먹는다. 원소는 탕원(汤圆)이라고도 한다.

● 청명절(清明节 Qīngmíngjié)

양력 4월 4일에서 6일 사이. '청명'이란 말에는 '만물이 깨끗하고 밝아진다'는 뜻이 깃들어 있다. 집집마다 풍성한 음식을 준비

해 조상의 묘를 찾아 제사를 지내고 가족끼리 둘러 앉아 음식을
먹는다.

● 단오절(端午节 Duānwǔjié)

음력 5월 5일. 단오절에는 종자(粽子)를 먹는 풍습이 있다. 이
는 전국시대의 애국시인 굴원(屈原)과 관련이 있다. 굴원이 멱라
강에 투신 자살하자 그의 시신이 물고기밥이 될 것을 우려한 사람
들이 찹쌀을 대나무잎에 싼 종자를 만들어 강물에 던진 것이다.

● 칠석(七夕 Qīxī)

음력 7월 7일. 견우와 직녀가 1년에 단 한 번 만나는 날이다. 중
국인들은 젊은 남녀를 중매하는 일을 이 날에 빗대어 '오작교를
놓는다'라고 표현한다. 이 날 중국에서는 미혼남녀를 위한 다채로
운 행사가 펼쳐진다. 부녀자들은 오색실을 꿰어 수를 놓거나 시합
을 벌이기도 한다.

● 중추절(中秋节 Zhōngqiūjié)

음력 8월 15일. 우리의 추석과 같다. 가을의 중간이라는 의미에
서 생긴 말이다. 이 날 민간에서는 월병이라는 둥근 떡을 먹으며
흩어졌던 가족이 한데 모여 달을 감상한다.

● 중양절(中阳节 Chóngyángjié)

음력 9월 9일. 예로부터 중국인들은 숫자 9를 길하다고 여겼다.

숫자 9가 겹친 날이니 더욱 상서롭다고 여겨 산에 올라 술을 마시며 즐겼다. 중양절의 상징은 국화라고 할 수 있는데 중국인들은 중양절에 국화주를 마시면 액운을 물리칠 수 있다고 생각했다. 1989년 중국 정부가 9월 9일을 '노인의 날'로 정하면서 전통 명절에 현대적인 의미도 가미되었다.

● 동지절 (冬至节 Dōngzhìjié)

음력으로는 11월 중순, 양력으로는 12월 21일에서 23일 사이. 옛날 중국 사람들은 동지를 기점으로 날이 점점 길어지며 따뜻한 봄이 된다고 생각했다. 이날에는 '혼돈(馄饨)'이라는 작은 물만두를 먹는 풍습이 있다.

● 납팔절 (腊八节 Làbājié)

음력 12월 초파일. 불교의 창시자 석가모니가 득도하여 부처가 된 날이다. 불교의 시조를 기리기 위해 사찰과 사원에 모여 향불을 피우고 과실과 죽을 부처에게 바친다. 채소, 곡식, 견과류 등을 넣어 납팔죽을 끓여 먹는다.

중국의 기념일

● 정인절 (情人节 Qíngrénjié)

양력 2월 14일. 밸런타인데이를 말한다. 여성이 남자에게 초콜릿을 선물하는 우리와 달리 중국에서는 남자가 여자친구에게 초콜릿을 선물한다.

● 부녀절 (妇女节 Fùnǚjié)

양력 3월 8일. 1949년 제정된 날로 법정 공휴일이다. 모든 여성은 직장은 물론 집에서도 일을 하지 않고 편하게 쉰다.

● 노동절 (劳动节 Láodòngjié)

양력 5월 1일. 노동자의 나라임을 표방하는 중국에서 중시할 수밖에 없는 기념일이다. 보통 일주일 정도 쉬기 때문에 공항, 기차역, 도로 등은 물론 주요 관광지는 사람들로 넘친다.

● 청년절 (青年节 Qīngniánjié)

양력 5월 4일. 1919년 파리강화조약 체결의 무효를 주장하고 반제국주의와 반봉건주의를 표방한 '5 · 4운동'을 기념하기 위해 제정된 날이다. 이 날 청년들은 한나절을 휴식하며 기관이나 학교에서 주관하는 각종 행사에 참가하고 기념활동을 펼친다.

● 아동절 (儿童节 Értóngjié)

양력 6월 1일. 우리의 '어린이 날'에 해당한다. 가족계획의 일환으로 '한 가정 한 자녀'정책을 펴고 있는 중국에서는 대부분의 가정에 아이가 한 명이다. 그래서 특히 이 날 중국의 부모들은 자녀를 위해 돈과 시간을 아끼지 않는다.

● 교사절 (教师节 Jiaoshijie)

양력 9월 10일. 우리의 '스승의 날'에 해당한다. 중국에서는 매년 9월에 새 학년이 시작되기 때문에 학년 초반에 학생들에게 선생님에 대한 존경심을 심어주고 선생님에게는 가르치는 일에 대한 자부심을 갖게 해주기 위해 1985년 제정되었다.

● 건군절 (建军节)

양력 8월 1일. 중국 공산군이 1927년 8월 1일 남창에서 무장 봉기한 날을 기념하기 위해 제정되었다. 우리의 '국군의 날'에 해당한다.

● 국경절 (国庆节 Guóqìngjié)

양력 10월 1일. 중화인민공화국의 수립을 선포한 1949년 10월 1일을 기념하여 제정한 날이다. 매년 이 날을 기념하기 위해 각종 경축행사를 벌이고 천안문광장에서 대규모 집회 및 열병식을 거행한다. 춘절, 노동절과 마찬가지로 중국에서는 보통 일주일가량 황금연휴를 갖기 때문에 중국 여행을 계획하는 사람은 이 시기를 피하는 것이 좋다.

중국인의 선물 문화

　같은 사회나 문화권 내에서 사는 사람들 사이에서의 선물 교환은 크게 문제되는 경우가 없다. 선물이 갖는 의미에 대해 서로의 인식이 비슷하기 때문이다. 하지만 다른 문화권에 사는 사람들에게 선물할 경우에는 사전에 상대방의 문화에 대한 이해가 필요하다. 특히 종교적 또는 문화적 금기가 엄격한 국가의 외국인에게 선물할 경우, 그들 국가의 문화나 관습을 사전에 인지하는 것이 바람직하다. 종교적인 이유로 돼지를 혐오하는 이슬람교도에게 돼지고기를 대접해서는 안 된다. 또한 힌두교를 믿는 인도인에게 소가죽으로 만든 지갑이나 허리띠를 선물해서도 안 될 것이다. 중국도 마찬가지로 주의해야 할 몇 가지가 있다.

　중국에서는 탁상시계나 괘종시계를 선물하지 않는다. 중국어로 탁상시계나 괘종시계를 ‘钟(zhōng)’이라고 하고 ‘시계를 선물하다’를 ‘송종(送钟, sòngzhōng)’이라고 하는데 이 발음은 ‘송종(送终, sòngzhōng)’과 발음이 완전히 같다. ‘송종(送终)’이란 세상을 떠나려고 하는 분 주위에 모여 마지막으로 임종을 지켜보는 것을 말한다. 자신의 장례식을 떠올리게 만드는 선물을 좋아할 중국인을 별로 없을 것이다. ‘钟(zhōng)’은 타악기인 ‘종(鐘)’의 뜻도 있다. 주성치 주연의 영화 ‘쿵푸허슬’에서는 실제 종을 선물하여 악당을 조롱하는 장면을 볼 수 있다.

　과일 중에 배도 선물로 적합하지 않다. 배는 중국어로 ‘이(梨,

lí)'라고 하는데, '이'의 발음이 '이별하다'의 '이(离, lí)'와 같다. 특히 문병을 갈 때는 배를 선물해서는 안 된다. 중국의 부부나 연인은 배를 쪼개거나 갈라 먹지 않는다. '쪼개다', '가르다'라는 의미의 중국어 '분(分, fēn)' 때문이다. '分(fēn)'과 '梨(lí)'가 합쳐지면 발음이 'fēnlí'가 되는데 이것은 '分离(fēnlí)'와 발음이 같다. '分离'는 '헤어진다'는 뜻이기 때문에 불길하다고 여기는 것이다. 같은 맥락으로 손수건도 선물하지 않는다. 손수건은 상대방과 헤어져 관계를 끊는다는 것을 의미하기 때문이다.

과일 중에는 사과, 귤, 복숭아가 선물로 적합하다. 사과의 중국어 '빈과(苹果, píngguǒ)'의 '빈(苹)'은 '평안(平安, píng'ān)'의 '평(平, píng)'과 발음이 비슷하고, 귤의 중국어 '귤자(橘子, júzi)'의 '귤(橘, jú)'은 '길하다'는 뜻의 '길(吉, jí)'과 발음이 비슷하기 때문이다. 복숭아는 일반적으로 장수를 상징하기 때문에 선물로 많이 사용된다.

중국의 10대 명차(名茶)

① 동정벽라춘 (洞庭碧螺春)

녹차로서 강소성 소주 오흥현 태호 동정산(洞庭山)에서 난다. 벽라춘은 향기가 높고 맛이 부드러우며 잎이 가늘고 어리며 우려낸 빛깔이 벽록색이다. 만들어진 찻잎은 소라 고동처럼 나선형이고 잎에는 녹용에 있는 털과 같은 것이 있다. 동정산 벽록봉 아래에서 난다고 하여 벽라춘이라 칭하였다.

② 몽정감로차 (蒙頂甘露茶)

황차의 일종이며 생산량이 적다. 사천(四川) 지방의 몽정, 고산지대에서 생산된다. 안개와 구름, 비가 많은 몽산(蒙山)의 정기를 머금고 자라 맛이 달고, 신선한 것이 특징이다. 고산지대에 자라는 차의 특징인 바늘처럼 가느다란 잎모양을 갖고 있으며 빛깔은 벽록색이다.

죽은 사람도 살릴 수 있다는 '선약'이라는 전설이 내려올 정도로 뛰어난 약성을 지니고 있어서 '길사예'나 '성양화'라고도 불렀다고 한다. 감로보혜선사가 몽정산 상청봉 아래에서 일곱 그루의 차나무를 심어 만든 것이 기원이라고 전해진다.

③ 무이암차 (武夷岩茶)

중국 복건성의 무이산(武夷山)이 그 원류이다. 이 차가 대만으로 건너가 대만의 오룡차(烏龍茶)가 되어 우리에게 오룡차라는 이름으로 더 잘 알려져 있다. 복건성 숭안현 남쪽에 있는 무이산은 산세에 변화가 많아 무이산 36봉 72암이라고도 한다. 해발 700여 미터에 붉은색 사암으로 된 토양은 차나무가 무성하다. 여기에서 나오는 암차에는 대홍포, 철라한, 백계관, 수금귀, 기란, 오룡, 매점, 육주 등의 품종이 있다.

④ 보이차 (普洱茶)

운남성(雲南省)에서 생산되는 후발효차로서 운남의 대엽종 찻잎으로 만드는 차로서 보이현에서 모아서 출하하기 때문에 보이차라고 한다. 알칼리도가 높고 속을 편하게 해주며 숙취제거와 소화를 도와주는 작용을 한다. 홍콩이나 싱가포르, 광동지방에서 주로 많이 소비되고 있으며 오래 숙성시킬수록 가격이 비싸다.

⑤ 철관음차 (鐵觀音茶)

안계 철관음은 오룡차 중의 하나로서 복건성 안계현에서 생산되며 이곳은 산이 많고 사시사철 따뜻하고 강수량이 많다. 철관음은 향이 좋으며 맛이 단데 차를 마신 후에는 입안에 과일향이 난다. 차의 품질은 춘차가 가장 좋고, 하차는 맛과 향이 약간 떨어진다. 그리고 추차는 향이 좋아서 '추향차'로 불리기도 한다.

⑥ 황산모봉차 (黃山毛峰茶)

모봉차가 생산되는 황산(黃山)은 중국 안휘성의 유명한 명승지다. 황산모봉차는 가는 은빛털이 온몸을 감고 있어, 마치 여우털이나 밍크를 온몸에 감고 있는 귀부인을 연상시킨다. 또 높은 향기와 부드러운 맛이 자랑인데, 맛이 신선하고 부드러우며 어린잎에는 많은 백호를 가지고 있다.

⑦ 군산은침 (君山銀針)

군산(君山)은 중국 호남성(湖南省) 악양현의 동정호(洞庭湖) 가운데 있는 섬의 이름이다. 그곳 근처에서 생산되는 차가 군산은침이다. 이 차는 중국의 당나라 때 비롯하였고 청나라 때는 황실에 바쳐지던 귀한 차다.

⑧ 기문홍차 (祁門紅茶)

기문홍차(祁門紅茶)는 중국 10대 명차 중에서 유일한 홍차이다. 중국에서 생산되는 홍차는 그 제조와 품질의 특성에 따라 공부홍차(工夫紅茶), 소종홍차(小種紅茶), 홍쇄차(紅碎茶)로 나누어진다. 세계 3대 홍차 중의 하나이며 중국 안휘성 기문에서 생산되는 공부홍차를 기문홍차라 하는데, 흔히 '기홍(祁紅)'이라고 부른다.

⑨ 백호은침 (白毫銀針)

백차 중에서도 최고급품으로 봄에 나온 어린싹만을 따서 만들기 때문에 찻잎 표면에 흰색의 솜털이 붙어 있어 은백색을 나타낸다. 찻잔에 뜨거운 물을 부으면 찻잎이 하나씩 세워져 마치 꽃잎이 춤을 추는 듯이 위아래로 오르내리는 모양이 매우 우아하다.

또한 향기가 좋고 단맛이 남으며 떫은맛이 적고, 녹차보다 오래
보관하여도 향미의 변화가 적다.

⑩ 용정차(龍井茶)

용정차는 녹차의 일종이며 용정차의 용정(龍井)은 심한 가뭄에
도 물이 마르지 않아 그 속에 용이 산다고 생각하여 붙여진 이름
이다. 이 샘 옆에 있는 용정사에서 재배한 차를 일러 용정차라 한
데서 유래된 명차이다. 용정차의 주산지는 절강성 항주시 서호 서
남의 용정촌 주위의 산악 지역이다.

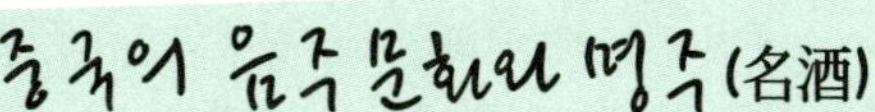

 사람과의 교제에서 술은 음식과 함께 빠지는 않는 단골손님이다. 술을 잘 못 마시는 사람도 예의상 한두 잔을 마셔야 하는 경우가 많다. 상대방의 호의를 무조건 무시하는 것도 예의가 아니기 때문이다. 중국 사람을 만났을 때도 마찬가지이다. 환경이 다른 것과 같이 중국 사람들의 술 마시는 습관은 우리네의 그것과 사뭇 다르다. 몇 가지 예를 들면 다음과 같다.

 첫째, 술을 받으면 테이블을 가볍게 세 번 두드림으로써 예의를 표한다.

 둘째, 중국의 술은 독하므로 우리나라에서처럼 벌컥벌컥 들이켜서는 안 된다. 단, '깐베이(干杯)'라고 외치며 술을 권할 때는 잔을 완전히 비우는 것이 예의이다.

 셋째, 상대방의 술잔이 항상 가득 차도록 수시로 첨잔한다. 우리나라는 술이 아직 남아 있는데 술을 첨찬하는 것은 제사지낼 때만 행해지는 예절로 인식되어 있지만 중국은 상대방의 술잔에 술이 얼마 남아 있건 간에 부단히 술을 따라준다.

 넷째, 우리와 달리 잔을 돌리지 않는다. 자기가 마시던 술잔을 중국 사람에게 주면 이상하게 생각할 수도 있으므로 중국 사람과 술자리를 함께 했을 때 각별히 주의해야 할 부분이다.

다섯째, 술에 취해 주정을 부리는 것은 절대 금물이다. 중국 사람은 술에 취대 실수하는 것을 매우 싫어한다.

여섯째, 술을 권한 사람이 먼저 마신다.

일곱째, 아랫사람이 윗사람과 잔을 부딪칠 때에는 술잔이 항상 윗사람의 것보다 위치가 낮아야 한다.

중국의 이름난 술 가운데는 다음의 몇 가지가 있으며 선물로도 전혀 손색이 없다.

● 모태주 (茅台酒)

중국 술 중에 으뜸으로 꼽는 술이다. 모태주의 산지는 귀주성(貴州省) 인회현(仁懷县) 모태진(茅台镇)이며 800여 년의 역사를 갖고 있다. 1915년 파나마 국제박람회에서 금상을 받아 유명해졌다.

● 오량액 (五糧液)

사천성에는 5종의 백주가 중국에서 유명한 술로 인정받고 있으며 그 중 의빈(宜賓)에서 제조한 오량액주(五糧液酒)가 가장 유명하다. 오량액주의 역사는 당나라 때부터 시작하였고, 그 당시는 오량액주라고 이름 하지 않았으며 그 당시의 술 성분, 품질도 지금의 오량액주와는 다르다.

• 분주 (汾酒)

강서성(江西省) 분양현(汾陽縣) 행화촌(杏花村)에서 만들어졌으며 1000여년의 역사를 갖고 있다. 분주는 당나라 이전의 황주(黃酒)로부터 기원하였고, 후에 백주로 발전하였다.

• 고정공주 (古井貢酒)

고정공주는 중국 안휘성(安徽省) 호현(毫縣) 고정공주(古井貢酒)공장에서 생산한다. 호현은 역사적으로 유명한 지방으로 동한(東漢)시기 조조(曹操)와 화타(華陀)의 고향이다.

• 서봉주 (西鳳酒)

서봉주는 협서성(陝西省) 봉상(鳳翔), 보계(寶鷄) 일대에서 제조되는 술로서 유구한 역사를 가지고 있다. 1986년 발굴한 태공(秦公) 1호 무덤에서 많은 술그릇이 발견되었는데 이로 비추어 2700여년의 역사를 갖고 있다는 것을 알 수 있다.

• 양하대곡 (洋河大曲)

양하대곡은 중국 국내뿐 아니라 국제주류품평회에서도 입상한 바 있다. 알코올 도수는 48%로 부드러우면서도 달콤한 맛과 맑은 향이 특징이다. 강소성(江苏省)에서 주로 생산된다.

• 공부가주 (孔府家酒)

곡부(曲埠)에서 술의 역사는 유구하지만 공(孔)씨 집안에서 술을 빚기 시작한 것은 명나라 때부터 시작되었다. 처음에는 빚어낸 술을 제사에 사용하였지만 후에는 공(孔)씨 집안에 드나드는 귀한 손님들한테 대접하여 연회용으로 사용되었다. 알코올 도수가 39 도이며 중국의 백주 중 생산량이 많은 편에 속한다.

● 노주특곡 (瀘州特曲)

사천에서 생산해낸 이 술은 값이 저렴하여 서민들 사이에 즐겨 마신다. 이 술의 독특한 맛은 발효시간을 길게 한데서 그 원인이 있다. 역사적으로 발효시간이 길면 길수록 그곳에서서 빚어낸 술의 품질은 더욱 좋다고 한다.

찾아보기용 스티커